中国节日奇妙游

河南广播电视台《中国节日系列节目》栏目组 著

北京联合出版公司
Beijing United Publishing Co.,Ltd.

打开中国节日的门

瓷秘。中国传统色

中国节日奇妙游

推开中国节日的门

王仁海

从 2021 年河南春晚《唐宫夜宴》开始，河南台带着“中国节日”系列节目与大家见面，越来越多的人开始关注河南卫视。网友说，这是河南台的“文化破圈”。但更令人惊喜的是，年轻人因此开始关注、探寻中国传统文化与中国传统节日本身。

事实上，河南卫视并不是突然打通了“任督二脉”，找到了传统文化现代化表达的流量密码。它的背后是河南广电人对弘扬传统文化痴心不改的执念，是在逆境中踏破铁鞋的不懈追寻，是在创作中抓铁留痕的坚韧不悔，是在工作中用心用情的夕惕朝乾。更重要的是，这是一场媒体人和观众关于热爱和宠爱的双向奔赴。

在“中国节日”系列节目出现之前，河南卫视长期处于不温不火的状态。即便如此，河南台在默默无闻中一直没有放弃，不摆烂、不躺平。作为中华民族和华夏文明的重要发祥地，中原孕育了博大精深、灿若星河的中华文化，这里“伸手一摸就是春秋文化，两脚一踩就是秦砖汉瓦”。守着这份独一无二的文化富矿，河南台从互联网发力，选择从中华优秀传统文化中汲取力量，用文化创新拓展新的发展空间，以三年之力持续深挖中国节日，提出“新时代 新文化”的立台口号，终将“中国节日”系列节目由文化内容做成文化品牌，使当初稍纵即逝的机会质变为河南台持续发展的机遇。

文化传承需要一个支撑的锚点，而中华民族的传统节日就是中国人一代代传承有序的时间之锚。每个节日独有的仪式感承载的是我们中国人不同的情感寄托，情感和文化背后蕴含的则是一个民族生生不息的信仰，是中国人几千年来被一代代复刻进精神 DNA 里的存在。所以，对中国节日的弘扬是一件让中华民族知其所来、知其所往的大事，更是河南台义不容辞的文化使命。

“中国节日”系列节目，每期的时间并不长，平均分配到每一个节目的时间，不过几分钟。这几分钟就是一个契机，我们用精彩的节目去打开一扇门，推开一扇窗。让喜欢的人通过这扇门、这扇窗，看到更辽阔和深远的中国文化。至于最后是走进去，还是看过就离开，这是观众自己的选择。

到目前为止，“中国节日”系列节目已经播出 24 期，全网点击量累计达到 1800 亿次。也就是说，我们与观众产生了 1800 亿次链接。这是足以划破长空、闪耀宇宙的链接。所以我们在每期节目最后都特别加上一行文字：感谢一路走来陪伴我们的网友们。这是河南台发自内心的对观众和网友的感恩。

我们也深知，广电人正在经历百年未有之大变局，传统媒体在不断迎接新媒体时代发来的挑战。而文化作为一种最深沉、最持久的力量，无论是在传统媒体中，还是在新媒体中，都是最核心的存在。因为文化是生动的、活泼的，它不是束之高阁的宝藏，而是融合在我们的一饮一食、一言一行中的。纵然时代会变，人们的交流方式会变，传统节日所承载的文化内涵始终不变。因此，我们坚信大家在看节目时，能在文化习俗中跟随节目去穿梭时光，去共情先辈，去链接传统。

中国文明是世界四大文明中唯一传承有序的，只要文化不断，中国节日就会像流向远方的河流一样，最终汇聚到人类文明的精神之海中。但是，我们在尽力创造这个时代的新文化，所以“中国节日”系列节目还有很长的路要走。这本《中国节日奇妙游》是我们通往星辰大海的一个路标，它告诉世人我们曾经走过，此刻，我们已经又在路上。

春节

元宵

清明

端午

七夕

中秋

重阳

十分香色从天降
张记饺子

元日

宋·王安石

爆竹声中一岁除，
春风送暖入屠苏。
千门万户曈曈日，
总把新桃换旧符。

除夜雪

宋·陆游

北风吹雪四更初，

嘉瑞天教及岁除。

半盏屠苏犹未举，

灯前小草写桃符。

除夜

宋·戴复古

扫除茅舍涤尘嚣，

一炷清香拜九霄。

万物迎春送残腊，

一年结局在今宵。

春节

生盆火烈轰鸣竹，
守岁筵开听颂椒。
野客预知农事好，
三冬瑞雪未全消。

春节

朱孔阳

中国传统色

天下之本在国，国之本在家，家之本在团圆。

壹

古人有多重视春节

要想了解这个问题，其实一点儿也不难，苏轼留下的诗词里就有答案。

嘉祐七年（1062年），苏轼二十五岁，时任陕西凤翔府签判。

这一年，二伯苏涣去世，苏轼却没能赶回故乡眉山送二伯最后一程。尤其是一想到自己当年离开眉山的时候，二伯两鬓还没斑白，气色看上去也不差，站在东门与他挥手告别仿佛还是昨天的事儿，苏轼就觉得内心十分悲痛。

冬日时节，天一飘雪，整个凤翔银装素裹。年关将至，可苏轼的身体却出了些状况。人在生病时，总会更显脆弱一些，思乡、思

清・董诰・饯腊迎祥图册・祥霙三白

亲之情也就更浓了一些。

病中，苏轼想的却是，眼看着就要过年了，如果能够回到汴京与父亲、弟弟团聚就好了。然而，这么简单的事，竟是求而不得的。

在这样的情境下，苏轼回想起故乡过年时那些淳朴的风俗，动情之下写了三首诗寄给了弟弟苏辙。

这三首诗分别是《馈岁》《别岁》《守岁》。

晋朝《风土记》中有载："蜀之风俗，晚岁相与馈问，谓之馈岁；酒食相邀，为别岁；至除夕达旦不眠，谓之守岁。"

馈岁作为中国传统年俗，在北宋时颇为盛行。苏轼的《馈岁》极为生动地描述了这一年俗。

馈岁

农功各已收，岁事得相佐。
为欢恐无及，假物不论货。
山川随出产，贫富称小大。
置盘巨鲤横，发笼双兔卧。
富人事华靡，彩绣光翻座。
贫者愧不能，微挚出舂磨。
官居故人少，里巷佳节过。
亦欲举乡风，独唱无人和。

《馈岁》一诗，共有十六句。

苏轼的这首诗讲述的便是其故乡眉山春节将至时的风俗。

头四句，他便交代了宋代岁末有馈岁的风俗。

在过去的一年里，大家终年劳苦，但通过互相帮助，农事都已经完成了。因此，到了年末，人们往往不计较得失，相互赠予物品，以此表示感谢。

至于馈岁之礼，不论贫富，大家依照自己的财力安排即可。那些家境殷实的，往往以盘鲤、笼兔相赠；而家境稍贫困的，则会送舂磨。所谓舂磨，就是用谷物加工而成的粉糕之类的吃食。

馈赠不计多少，是因为馈赠的是心意。互相赠予的友邻，那情谊是可与山川相比的。

诗的最后四句则是苏轼的感慨：又到春节了，可如今我独在异乡，只能以诗歌咏怀，无法与人共举乡风，实在是人生一大憾事。

别岁同样是中国的传统民俗。岁末时，人们会相互宴请，通过饮酒用餐辞别旧的一年，故而称为别岁。

别岁

故人适千里，临别尚迟迟。
人行犹可复，岁行那可追！
问岁安所之？远在天一涯。
已逐东流水，赴海归无时。
东邻酒初熟，西舍彘亦肥。
且为一日欢，慰此穷年悲。

勿嗟旧岁别，行与新岁辞。

去去勿回顾，还君老与衰。

苏轼写诗极妙。

故人离别，虽总有再见的时候，但临走之际还是难免伤离别，不忍告别。而一“岁”将别，更是断断追不回来的，所以更应该郑重地对待。

诗的前两句说的是每一位在异乡的游子，同样也是苏轼自己。

清·黄钺·龢丰协象图册·里闾馈岁

清・董诰・饯腊迎祥图册・围炉守岁

那宋人是如何别岁的呢？

苏轼用短短两句便将宋人别岁的热闹场面呈于纸上："东邻酒初熟，西舍彘亦肥。且为一日欢，慰此穷年悲。"

在蜀地，每年别岁的时候，东邻西舍，拿酒的拿酒，带肉的带肉，互相宴请，在这一天把酒言欢。

苏轼用字不多，只清浅两笔便将别岁的场面生动还原，同时也让人真切地体会到了浓浓的人情味儿。

守岁

欲知垂尽岁，有似赴壑蛇。
修鳞半已没，去意谁能遮？
况欲系其尾，虽勤知奈何！
儿童强不睡，相守夜讙哗。
晨鸡且勿唱，更鼓畏添挝。
坐久灯烬落，起看北斗斜。
明年岂无年？心事恐蹉跎。
努力尽今夕，少年犹可夸。

哪怕到了现在，中国人依然有守岁的习俗。不过，更多的人将它称为熬年。

古时候的守岁，更有氛围感一些。

每年一到除夕这夜，家家户户都会在房间里遍燃蜡烛。点蜡烛也是有讲究的，民间将其称为"照虚耗"。据说，灯火、烛火彻夜不灭，一家人坐在一起迎接新年，如此“照岁”之后，来年家里就会财富充实。在民间，此举也有驱邪辟疫一说。

这一习俗，自晋朝就已经有了。晋朝时，民间不叫守岁，而叫守罗。直到隋唐，守岁才正式成为全国的共同年俗。

《守岁》一诗，写的就是宋人守岁的习俗。

其中的“儿童强不睡，相守夜谨哗。晨鸡且勿唱，更鼓畏添挝”，更是写出了宋人守岁的生动情景。当时苏轼二十五岁，膝下有一子，也就是苏迈，虚龄不过五岁。大概是年关将至，苏轼难免想起昔年守岁的情景。家中的小儿尚且年幼，却也要跟着大人守岁，明明已经困极了，都止不住地打瞌睡了，还要勉强欢闹。

守岁是传统习俗，每年此时，古人总会在家中遍燃灯烛，一家老小齐聚一堂，就着萁豆喝上一壶好酒，闲话家常，通宵达旦。直到灯花燃尽，直到星子消失，直到第一声鸡啼响起，这才算完成守岁。

苏轼透过这三首诗，以精妙的遣词讲述了春节将至时人们是如何度过这些重要时刻的。

清院本・十二月令图・正月

贰

从古至今，回家方式
各有不同，但始终不变的，
是在外的游子回家过年的心。

古代的“春运”

1980 年，《人民日报》首次提出“春运”一词，用来指春节期间一种特有的社会现象。实际上，春节出现之后，春运便已然存在了。倘若真要追溯，恐怕要从 3000 多年前的商朝说起。

与如今不同的是，古时候春运的人口流动量并不算大，距离也谈不上远。究其原因，主要是在封建社会时期，政策和礼俗均有限制，一般人是无法参与春运的。春运的主体基本上都是因公出差的人士，再就是经商之人。

与现在一样的是，古时候春运期间回家难也是极其普遍的现象。

公元 1782 年，纪晓岚领纂的《四库全书》终于完成了初稿。

为了编纂《四库全书》，纪晓岚花费了近十年时间，单单是收集的资料就多达十亿字。其中的辛苦，恐怕只有纪晓岚、陆锡熊与孙士毅三人知晓。

这一年，纪晓岚五十七岁，终于有空回家过年了。

值得一提的是，乾隆年间，《大清律例》里新增了一条内容，名为“忘亲”。

这一条款的内容十分有趣，大意是：游荡他乡、远离父母、不知归养者，均属忘亲不孝之人。通俗点儿说就是，不管是达官贵人，抑或普通平民，每年都必须常回家看看，否则按照大清的律例就是有罪的。

纪晓岚在京为官，老家却在河间府献县，也就是如今的河北献县。

京城至河间府，全程 420 里[①]。这要是搁现在，开车也就三四个小时的时间。但在以马车为主要交通工具的清朝，却要走上 6 天左右。他需要由京城的顺成门出发，途经良乡、涿州、新城县，再过白沟、雄县、任丘，最终抵达河间。

木心在《从前慢》这首诗里曾如是写道：“从前的日色变得慢，车、马、邮件都慢。”

这是真的。

清朝时，马车每天能走上 100 里已经是极限。这主要是因为当时马车的减震技术尚不健全，若一味赶路，人的身体会吃不消。

无论如何，在马车的颠簸之中，纪晓岚总算是到家了。

可由于这一路实在辛苦，车马劳顿，回到家中纪晓岚便生了一

① 1 里为 500 米。

场大病。虽说他没有犯下“忘亲”这条大罪，人却不怎么痛快。

纪晓岚的故事让人窥见了回家难的背后是行路难。然而，中国历朝历代的统治者均没忘修路之道。

安阳殷墟考古中曾发现大量车马坑，证实了自殷商时期开始，古人便已经意识到道路交通建设的重要性，同时也证明了我国是世界上最早发明和使用车的文明古国之一。

秦始皇统一六国之后，更是费心修建了四通八达的公路网，给“春运”提供了方便。

《汉书·贾山传》中有载：“（秦）为驰道于天下……道广五十步，三丈而树，厚筑其外，隐以金椎，树以青松。”

驰道宽至 69 米（秦朝一步约合 1.38 米），路旁栽种有青松一类的绿植，不但能起到绿化的作用，还有降噪的功能。

除了驰道，秦朝时另有直道、轨路等。

有意思的是，秦朝的轨路与今日的高铁颇为相像。换句话说就是，秦朝时就有“高铁”了。

秦朝轨路的遗址位于河南省南阳市西峡县的伏牛山，其原理与现代的铁路如出一辙。若论不同，那便是秦朝的轨路并非铁轨，而是木轨；再就是车辆行驶时由马力拉动，而非由电力机车牵引。

虽说秦朝时修建公路是出于军事考虑，而非民用所需，其对民间风俗的影响却是不容小觑的。

既然说到了秦朝的“高铁”，那就不得不提一下古时候的“大巴”了。

不过，古时候还不兴“大巴”这一说法，人们更习惯将其称为畜力车。

早在4000多年前的黄帝时代，车就已然出现了。

在古代，车主要依靠人力和畜力驱动。

最早的人力车被称作辇，为轿子的前身。后来，依次有了痴车、独轮车、鸡公车、黄包车和三轮车。

在当时，畜力车的作用主要体现在物流运输上，其中又以马车、驴车、骡车和牛车为主。古代春运通常以马车为主要交通工具。

畜力车也有多种分类，包括轏车、辎车、安车、辒车、轺车、传车、兵（军）车等。

多数人最常乘坐的，是轏车。

轏车相较于其他车辆，车体的用料和档次都稍逊一筹，但它胜在更为轻便。一般人能在春运期间搭乘轏车回乡过年，已经是极为了不起的事了。毕竟，在当时，大多数人还都依靠走路或者驴车、牛车回家，乘轏车确实值得炫耀。

到了唐朝，春运便已形成体系了。

当时的交通体系可分为三类：一为官办，一为商办，一为民营。每逢节假日，无论客运还是物流运输，较之平时，价格普遍会上调一些。有意思的是，唐朝的商业运输实现了全国统一价，最高与最低价格均有明确规定，甚至连里程和速度都有详细规定。

《唐六典》对每日行程的规定为：若走陆路运输，马行每日为70里，步行和驴行为50里，车行为30里。若走水路运输，货船逆（黄）河上行，每日30里；逆（长）江上行，每日40里；其他河逆水上行，每日45里。如果途中遇到特殊情况，可上报水政部门，酌情减少。

在费用方面，日常的收费标准为：车载千斤，走百里，运费为900文；每驮百斤，行百里，运费为100文；若走山坡道路，则运费为 120 文；若沿途尽是山路，最高不可逾 150 文；若是坦途，费用至低不可低于 80 文；若是人力运输（背、扛、抬），二人顶一驮收费。

相较之下，走水路更为便宜。

黄河与长江，以及从幽州（今北京）到平州（今河北卢龙），上水（逆流向上游而行）16 文，下水 6 文，其余的河上水 15 文，下水 5 文。

开元年间，常人的收入，以运货工人为例，按“二人顶一驮”计算，两人抬着 100 斤的东西，每天走 50 里地可得 50 文，每人的日收入为 25 文。因此，走水路回家是古人春运的首选。便宜嘛！

千百年过去，如今的春运，人们可选择的交通方式更多，也更为省时。但始终不变的是，归乡的游子都有一颗思念家人的心。

差异从不

应成为隔膜，

是因其背后暗藏文化。

叁

小年到底是哪天

相传，汉宣帝时期，民间有一位叫阴子方的人。

腊日这天，阴子方起了个早，在厨房中忙着做早饭。结果，无意之间，阴子方竟瞧见了灶神。

古时候，九州大地的人都极为敬畏神仙，尤其是灶神。

于是，无意瞥见灶神的阴子方觉得这是吉兆，特地将家里的一只黄羊宰了，拿去祭了灶神。

因为祭灶神这一行为，阴子方得到了好运气，往后的日子都颇为顺遂。

这一事件很快便在民间广为流传。自此，人们便有了腊日祭灶神的习惯。

这则故事出自《后汉书·阴识传》，生动地讲述了民间小年这天祭灶神的习俗由来。

那么，你知道祭灶神这一习俗到底是从什么时期开始有的吗？

先秦时，民间有五祀，指祭门神、户神、灶神、土神和井神。也就是说，祭灶神是先秦时就已有的习俗。

不过，先秦时，人们往往在夏季祭灶神。

祭灶神的仪式真正初具规模，则是从两汉时开始的。这一时期，祭灶神的时间由立夏改为腊月。

到北宋，腊月二十四祭灶神已经成了民间流传甚广的传统习俗。

北宋时，民间有这么一个讲究：祭灶必祭在家。至今，河南仍然有“祭灶不祭灶，全家都来到”的俗谚。

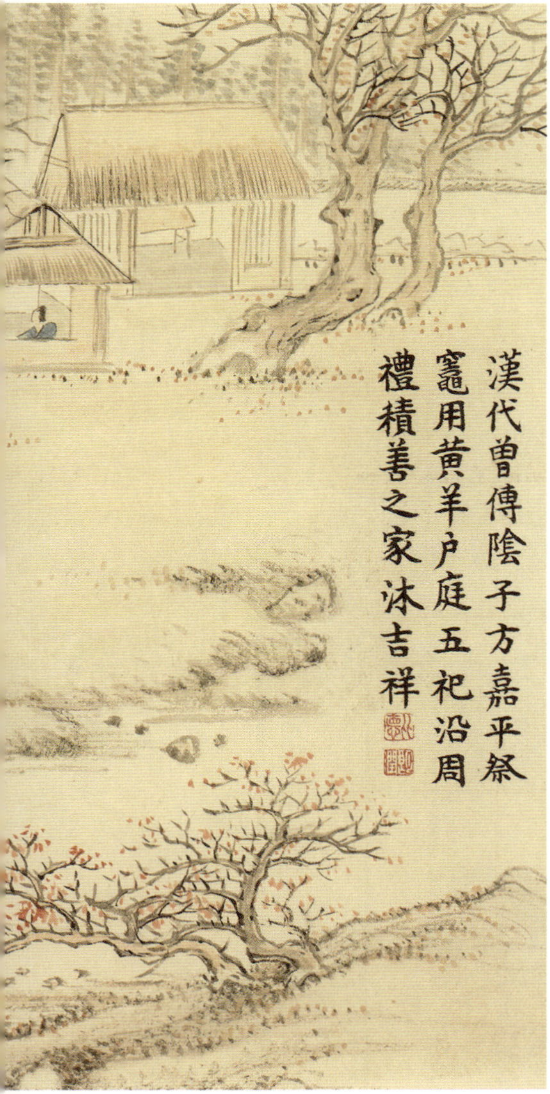

清・董诰・饯腊迎祥图册・黄羊祀灶

宋朝时，民间也将灶神称为“灶君公”“司命真君”。又因为灶神是掌管厨房的神明，所以百姓更倾向于亲切地叫他“灶王爷”。

一年之中，宋朝人最忙碌的时节大概就是从步入腊月开始的。这时，民间就会开始进行祭灶活动，并一直持续到腊月二十四。民间百姓认为，腊月二十四这一天是新旧两岁交替的日子，也是灶神到天庭述职的日子。

宋朝人祭灶神非常有意思，有史料为证。

到了祭灶神时，住在京都汴梁（今开封）的人会通过举行仪式来度过这一日。

汴梁城里有钱的家庭会专门请道人或者僧人来家里，要么讲道，要么诵经，还会“烧合家替代纸钱”。这么做自然是为了祝祷新的一年能够继续得到灶神的庇护，风调雨顺。

在寻常百姓家，祭灶神的仪式感更强。

这一天，寻常百姓会把家里的灶台、案台都打扫一遍，做饭的炊具也要清洗一遍，最好保证洁净如新。

接着便是最为重要的一环：准备祭灶所需的供品。

其中，宰猪、烹鱼最为常见，备上时令的果蔬、酒水则是基本。一切准备得宜后，人们会将这些都摆放在神龛前，意为送灶。

送灶之时也有讲究。

送灶之前，人们会将贴于神龛中间的旧神像揭下来妥帖收好，然后先焚香再点烛，最后将旧神像于香炉前焚烧掉。

焚烧神像时，全家老小都需要行跪拜叩送之

清・黄钺・龢丰协象图册・黄羊祀灶

礼。这样做一为感谢过往一年灶神的照拂，二为告诉灶神："您可前去述职了。"

更为有趣的是，祭灶神当日百姓会特地取来酒糟，将其抹在灶门上，谓之"醉司命"。

此举背后的深意是，百姓知晓灶神即将去述职言事，特"以酒糟涂抹灶门"，使灶神因醉酒而不能说话，不言一家之过失。

除了醉司命，民间亦有给灶神供奉胶牙饧的传统。

《东京梦华录》中有载，小年前后，民间会售卖胶牙饧。所谓胶牙饧，指用麦芽制作而成的糖。"饧"是麦芽糖稀、饴糖的意思。以此物作为供品，同样有让灶神不能开口说话的意思。

如今，在北方，尤其是河南地区，每逢腊月二十三，即小年这日，仍有吃糖瓜、芝麻糖的习俗。从根本上讲，或许人们当下所承袭的，亦是吃胶牙饧的习俗。

后来，关于小年到底是腊月二十三，还是腊月二十四，困扰着许多人。实际上，关于这一问题，清代的《日下旧闻考》中就曾探讨过，结论是：北方，以腊月二十三为小年，是日祭灶；南方，以腊月二十四为小年，是日祭灶。

真要说起来，这一时间的不一致，或许与雍正帝有关。

康熙帝驾崩之后，雍正帝继位，励精图治。在他看来，宫中向来规矩繁多，凡遇年节必要举行仪式，如此花费颇多，不如缩减。然而，雍正帝刚提及这一想法，却遭群臣反对。

为能开源节流，雍正帝做了个取舍，把腊月二十四的祭灶挪至腊月二十三，在祭天这一日顺带就把灶王爷给拜了。

可以说，没有雍正帝的这一行为，便没有百官群臣的上行下效，也就不会存在官民在不同日子过小年的分野。

北方所受影响较大，多数以腊月二十三为小年，而南方则保留了腊月二十四过小年的传统。

祭灶过后，旧的灶神像已然焚于香炉前，新的神像则须在除夕当晚贴上。宋朝时，人们将之称为迎灶，也有接灶一说。

除夕当晚子时，百姓会以笔墨在红纸上书写“东厨司命府”，连同灶神像一起贴在神龛中。此外，百姓还会在神龛上贴一副对联“上天言好事，下界保平安；出家奏善果，回宫降吉祥”，以此来表达对灶神的期望，以及希望一家人吉祥如意的愿景。

至此仍未结束，新的灶神像贴好后，百姓还要放爆竹，然后再次向灶神叩拜行礼。

如今我们再看祭灶的习俗，不难窥见它的由来与沿袭。从表面上看，这貌似是在表达人类对神明的敬畏，实则是在表达人类对发明火的先贤的功德之感念。

因为感念，当时的百姓赋予了灶神所谓司命的职责。通过一年一祭祀的仪式感恩，也是在提醒家人，尤其是主灶之人，断不可铺张浪费，要学会勤俭持家。

肆

置办年货，从不是物质的概念，而是一种对团圆的向往、对家人的爱。

或许，它更像是情感的载体。

古人的年货清单

清朝有一幅传世的画作，名为《太平春市图》。

绘者名叫丁观鹏，是清朝的宫廷画家。

作为雍正、乾隆时期宫廷画院里的高手，丁观鹏尤其擅长山水画和佛道人物画。他一生所绘的作品近200件，被清朝皇帝点名收

藏的就多达 83 件。在这 83 件之中，《太平春市图》为上乘之作。

那这幅画是怎么来的呢？

据说，乾隆七年（1742 年），丁观鹏接到乾隆皇帝的旨意，要他画一幅画描绘下民间是如何欢庆春节的。于是，就有了《太平春市图》。整个画幅纵长 30.3 厘米，横长 233.5 厘米，画中所绘场面极其热闹，年味儿十足。

只瞥一眼画的局部，就能看见巷口一家老小都穿着新衣，街头正在上演傀儡戏，卖货郎的担子里挑着金鱼，打鼓说书的摊位前围满了人，绿衫少年手持太平鼓舞蹈，三五好友得闲聚在一起饮茶，其中更是不乏商贩，所卖的东西尽是年货。

丁观鹏一完成这幅画就将其交给了乾隆帝。乾隆帝一看，艳羡不已：这哪里是画啊，这分明是喜庆的、充满烟火气的岁尾大集嘛！

乾隆帝很羡慕，也想去赶年集，但他每日都要批折子，想微服私访也是断然不可能的。于是，他就想了个折中的好法子。

乾隆帝吩咐手下的人在圆明园里开设年集，还给它取了个雅称：买卖街。等到年集设成，乾隆帝就开启了自己的沉浸式年集体验。

清・丁观鹏・太平春市图

圆明园的买卖街共分为两处：一处设在舍卫城之南、同乐园之西，整体呈“T”字形；另一处则设在长春园含经堂的东侧，属于单面的长排铺面房。

同乐园一般是大臣看戏的地方。每到新年，这里便会开设买卖街。无论是王公贵戚，抑或内阁大臣，甚至后宫的内眷，都能在买卖街开放期间在此喝茶、购物、吃饭。并且，凡是宫外民间所售的年货，这里都有。更甚者，买卖街上还有提着小筐子卖瓜子的商贩。自然，买卖街的商贩都是太监扮演的。

乾隆皇帝也会在这时换上常服，扮成百姓混入其中，感受浓浓的年味儿。

也难怪乾隆皇帝想体验年集，清朝让廉在《京都风俗志》里有这样的记载：“十五日以后，市中卖年货者，星罗棋布。”仅这一句，想必就会让人忍不住好奇，古人过年到底都会置办些什么年货。

华夏五千年，无论哪一个朝代，都有属于自己的年货清单。

先秦时期以十月初一为春节，因此，每到十月就自动进入下一年。

关于秦人的年货，《诗经·七月》给出了这样的答案：美酒和肥羊。

九月肃霜，十月涤场。朋酒斯飨，日杀羔羊。

这是说：到了九月，秋高气爽，十月农忙结束，人们开始烹宰羔羊，拿出两樽酒来宴请亲友，以此庆贺新年。

除了美酒与肥羊，秦人还会在新年到来之时备上桃枝。

《文艺类聚》卷八十六引《庄子》佚文：“插桃枝于户，连灰其下。童子入不畏，而鬼畏之。”

秦人敬畏鬼神，每逢年节总会举办各类祭祀活动，而插桃枝则是当时过年的驱鬼习俗。直至今日，广东一带仍有插桃花的习俗，寓意也十分有趣："桃"同"讨"，插桃花意味着讨喜庆，祈求长寿、平安。

汉朝时，春节已经形成，而过年时最不可少的年货也出现了，那就是饺子。

相传，饺子是张仲景所发明的。

那年冬天，张仲景结束了官场生涯，从长沙回老家河南南阳。冬日里，雪下得很大，寒风刺骨。路过白河的时候，张仲景见到了许多无家可归的人。尤其当时天寒地冻，不少人的耳朵都被冻烂了。于是，张仲景便研制了祛寒娇耳汤：以羊肉和驱寒药物入锅，煮熟后再用面皮包成耳朵的样子，然后用原汤将其煮熟，带汤一起食用。

张仲景一直施药至大年三十。待到大年初一的时候，人们一边庆祝新年，一边庆祝冻伤恢复。因此，后世的人每逢春节必会吃饺子，以此来纪念张仲景施药救人的善行。

到了唐朝，年夜饭上必不可少的，自然是屠苏酒。

王安石就曾写下"爆竹声中一岁除，春风送暖入屠苏"。

什么是屠苏酒？

关于屠苏酒，有这么一说：屠苏是古代的一种房屋，因旧时人们在建房时将一种叫屠苏的阔叶草画于屋梁上而得名，人们在屠苏屋内所酿之酒，便被唤作屠苏酒。

也有一说认为，屠苏酒为汉末名医华佗创制的配方，后得孙思邈、张仲景、李时珍等名家推崇，因而在民间极具口碑。

屠苏酒的制作方法，根据地域、环境和服用的人，略有不同。

携罇至
介寿稱
觥不待
沽

清·董诰·饯腊迎祥图册·屠苏介寿

论其配方，组合时虽有调整，但其中多含肉桂、花椒、桔梗、大黄、制川乌。

人们在制酒时会将这些药材舂碎装于袋中，随后将其沉于井中浸泡。这样做的目的有二：其一，药材吸水，可促有效成分浸出；其二，可降解部分药材的毒性与刺激性。

过年时，人们会在初一凌晨将药袋取出放置酒中，煮沸数滚后，于家中东向房屋内饮用。

饮屠苏酒也有讲究。一家之中，年幼者应先饮，多少随意。

唐朝百姓相信：一人饮屠苏酒，可保全家无病；一家饮用，全乡无疫。其寓意为“少者得岁，故贺之；老者失岁，故罚之”。

到宋朝，人们更会过日子了。相较于早前的朝代，年货更是多之又多。

《武林旧事》第三卷中有一节专门写了《岁晚节物》，罗列的年货不胜枚举：腊药、锦装、新历、诸般大小门神、桃符、钟馗、春帖、天行帖儿、金彩、缕花、幡胜、馈岁盘合、酒檐、羊腔、果子、五色纸钱、糁盆、百事吉、花饧。

所谓锦装，就是新衣裳；天行帖儿，就是咱们现在所说的春联里的横批。

这些年货中，最有意思的当数百事吉。

宋人过年时，会在家中的餐桌上摆放一种“利市”：将柿子、橘子和柏枝等物盛放在同一个盘中，先将柏枝折断，继而掰开柿子、橘子，连在一起即为“柏柿橘”，寓意“百事吉”。

囿于宋朝尚不存在上好的保鲜技术，腊月时北方人未必能够买到柿子和橘子。后来，聪明的小贩便在过年时推出了“百事吉结子”。

所谓的百事吉结子，其实就是在绸布上分别绣上柏枝、柿子和橘子，然后将其打成中国结。

宋人吃年夜饭的时候会全家围坐在一起，协力将这个百事吉结子打开，而后将其悬于房梁上，求一个“百事吉”的好兆头。

如今，网络日益发达，人们足不出户，只需网购就能置办一切年货，而年集似乎也愈发少见了。但提起年集，置办年货真是童年时代最令人兴奋的事。

清・黄钺・龢丰协象图册・村社迎年

伍

家人可亲，
灯火闲坐，
便是这世间最好的光景。

古人如何过除夕

故事发生在贞观年间。

某年除夕，与往年一样，唐太宗与群臣共度此夜，妃嫔们也在场。

这一夜，教坊司为唐宫夜宴准备的“春晚”节目实在精彩。看到兴头上的李世民忽地起了兴致，竟当众手舞足蹈起来，还大声称赞节目不错。说罢，李世民举起一杯椒柏酒一饮而尽。

坐在台下的文官被李世民感染，纷纷作诗，赞颂李世民的功德。

除了当朝的官员，殿内还有其他国家前来进贡的使者。一时之间，殿宇内响起络绎不绝的“万岁”声。

数杯椒柏酒下肚，李世民看到眼前情景，不由得起了诗兴，当场作诗一首，名为《守岁》。

暮景斜芳殿，年华丽绮宫。
寒辞去冬雪，暖带入春风。
阶馥舒梅素，盘花卷烛红。
共欢新故岁，迎送一宵中。

李世民用短短几句诗就道出了除夕皇宫是何等模样。

除夕当夜，宫内披红结彩，华丽的宫灯高悬，一片灯火辉煌。殿内桌上燃着红烛，敬神祭祖的供品也是必不可少的。难得的是，君王与群臣为了庆祝这一日欢宴饮酒，通宵歌舞。

与李世民相比，张说的诗中则多了几分愁绪。

故岁今宵尽，新年明旦来。
愁心随斗柄，东北望春回。

盛唐之际，张说于公元703年至705年被流放至南方钦州。时值新年，张说百感交集，写下了这首《钦州守岁》。大意是：除夕预示着旧年至今晚便结束了，明早一到，便是新的一年。我的这颗愁心却盼望着可如同北斗星一般，在春天到来时重返北方。

张说的愁心，不难理解。

自唐朝起，除夕便为全家团聚之时刻。每逢此时，家人团聚，吃年夜饭。

唐朝除夕这夜，全家围坐在一起吃年夜饭时必会饮酒，并且惯饮用花椒和侧柏叶泡的椒柏酒，以起到驱寒祛湿之功效。也有一说认为，喝椒柏酒寓意期盼来年万事胜意。

在吃食上，宋朝人的年夜饭中多有馎饦。

所谓馎饦，即面条。

宋朝时，百姓煮面时多佐以菜羹或者肉羹。

其做法极为简单。面不必过水，也不必炒制浇头或打卤，更不用备菜码。菜羹也好，肉羹也罢，只待煮沸，取一把面条投至锅中，三滚一过，一碗馎饦就制成了。盛于碗中，即时可吃。

这一吃法在当时极为盛行。南宋中叶，馎饦的吃法流传至日本。时至今日，日本人仍将用汤羹煮熟的面条称作馎饦。

但切勿以为，宋朝人是不吃饺子的。

宋朝时，民间有这样一句谚语："冬馄饨，年馎饦。"这是说，宋朝人除夕吃的是馎饦，吃饺子则是在冬至时，连汤一起食用。如今，河南仍保有这一吃法，不过河南人更习惯将其称为连汤饺。

在除夕吃食上，唐宋两朝也有共通之处。

唐宋时期，除夕家宴的团圆饭中都会出现两道菜：一为鱼脍，二为春盘。

论及鱼脍，其实我们并不陌生，即生鱼片，如今日料店中比比皆是。这道珍馐本源自中国，而非日本。

鱼脍最早起源于周朝。《诗经·小雅·六月》中有记："饮御诸友，炰鳖脍鲤。"王维在《洛阳女儿行》中也道："侍女金盘脍鲤鱼。"

唐朝时，人们多选用三五斤重的新鲜鲤鱼或鲈鱼来制作鱼脍。其做法为：去鳞片，取其脊肉，选一锋利的刀具将其切成薄片，而后摆于盘中。

宋朝人延续了唐朝人的习惯，保留了吃鱼脍的习俗。

唐宋两朝，于民间百姓而言，鱼脍是年夜饭中的一道主打菜肴。同时，它也是宫廷的御膳佳肴。

苏轼曾写下这样一句诗："渐觉东风料峭寒，青蒿黄韭试春盘。"

唐宋两朝，人们吃年夜饭时，桌上那道名为春盘的菜到底为何？

除春盘之外，它还有一个名字——五辛盘。

想必，一看到"五辛"二字，便可猜出这道菜肴的由来了。

唐宋时期，百姓在筹备年夜饭之际，会将芫荽（香菜）、韭菜、芸薹洗净（不切断）摆于盘中，塑出好看的造型，再缀上腊八当日所腌渍的大蒜、小蒜。

至此仍未结束，最后一步极富仪式感：人们会在盘中的这堆蔬菜上插一根线香，再将一朵纸花粘于线香的顶部。这样，一道标准的五辛盘便制成了。

之所以被称为五辛盘，是因其由五种味道相对辛辣的食材制成。这五种食材皆有发散之功效。人们于除夕食用五辛盘，有发散五脏陈腐之气的作用。

除夕这晚，士庶之家吃过年夜饭之后，基本家家都会围炉团坐，达旦不寐，谓之守岁。就连儿童也强行不睡，相守夜欢哗。

宋人围坐的火炉也有讲究，时人称之为烧松盆，亦有烧糁的说法。

除夕当晚，人们会在盆中盛麻糁（芝麻榨油后所剩余的渣滓），以此作为燃料，故而得名烧糁。在起到取暖作用的同时，这在民间也有驱邪祈吉的寓意。

于民间百姓而言，守岁可称得上一件大事。

储光羲在《秦中守岁》中说："阖门守初夜，燎火到清晨。"

这句诗描绘的就是除夕家家都会在家中点烛火守岁的习俗。

家人围坐时，另有消夜果子可食。宋朝时，除夕的消夜果子多达百余种。无论是蜜煎珍果，还是花饧（糖）、萁豆，应有尽有。

唐朝时，除夕当晚，自子夜起，百姓有放鞭炮的习俗，此举有驱除恶鬼之意。

到宋朝，对于火药在烟花上的运用，宋朝人可谓开发到了极致。

宋朝人已经开始用纸包火药制作爆竹，其品种更是多达百余种。燃放爆竹成为除夕、春节盛行的习俗。除夕这夜，爆竹之声通宵不绝。

"是夜，禁中爆竹山呼，声闻于外。"

当时，爆竹已然有了单响、双响、连响之分，还有飞升至天空才会爆炸的爆竹。其中含有现代火箭技术的基本原理，令人惊叹、拜服。

千百年前，唐宋时期，除夕人们并不觉孤清，更不觉寂寥。一片鱼脍下肚，吃的是刀锋上的功夫；一箸春盘入口，辛辣盈满口腔，去的是腹内的污浊、陈腐之气；饮下一杯屠苏酒或椒柏酒，为的是身体康健；一夜围坐于炉旁，麻糁燃于盆中，暖的是一年的辛苦，甜的是一声鸡鸣过后，新的一年正式开始。

此夜，家人闲坐，灯火可亲。

清・董诰・饯腊迎祥图册・吉爆迎韶

陆

古人春节多讲究

任何朝代，过年时，总少不了仪式感。

就拿唐朝来说，每逢春节，无论是世家的千金小姐，还是寻常百姓家的女子，都颇为流行化落梅妆。

什么是落梅妆呢？

是指在额头配以梅花样式的花钿，从而让妆容看上去更显妩媚动人。

说起这落梅妆，就不得不提到上官婉儿。

《控鹤监秘记》中有这样一说：武则天一直都将上官婉儿视为心腹，无论何事，从不避讳，甚至就连与张昌宗做亲密之举时，也

唐·周昉·簪花仕女图

不觉得有什么不妥。时间久了，上官婉儿竟然与张昌宗有了私情。有一天，两人私会被武则天撞破。盛怒之下，武则天拔出一把金刀刺向上官婉儿的额头，并且扬言要处死上官婉儿。张昌宗吓得连忙跪下，百般赔不是，这才保住了上官婉儿的命。而上官婉儿额上却因此多了一道疤痕。为了掩盖疤痕，上官婉儿仿照南北朝时期的寿阳公主，索性在疤痕处刺了一朵红色的梅花。自此，落梅妆在民间盛行。

尤其是到春节，女子多会化落梅妆。

不过，这是独属于女子的小情小调。对于大众来说，过年的仪式感来自挂桃符。

唐朝时，虽然已经有了天行帖儿（贴在门楣上的横批），但当时尚未形成贴春联的习俗。

那时，人们多习惯挂桃符。

什么是桃符呢？

桃符一般是以薄木板制成的，画师会在上面绘上神兽狻猊、白泽，下书郁垒、神荼两位门神的名字，或写上春词，或书祝祷之语，岁旦则更之。人们会将桃符悬挂在门旁，以求镇邪。

清・董诰・饯腊迎祥图册・椒盘馈问

但唐朝最有意思的年俗，当数斗花。

《开元天宝遗事》中有载，长安的仕女都非常喜欢在过年的时候斗花，当时甚至还有专属的节日花朝节，也称花神节。

仕女们会在寻常的日子里，从集市上买来名贵的花养在家中。等到了新春时节，女子们聚在一起，不比诗文，而是将自己培育的名花拿出来，比谁的花养得好。

当时，长安有一位名叫王士安的，为了能够参与新春的斗花大赛，不惜花费重金，买了不少名花栽种在自家的庭院里。其家中女眷头上戴的、插的，也都是当时极为珍奇的花卉。

此事见王仁裕的《开元天宝遗事》记载："长安王士安，春时斗花，戴插以奇花多者为胜，皆用千金市名花植于庭苑中，以备春时之斗也。"

对于过春节，宋朝人的讲究更多。

宋朝时，皇帝会赏赐大臣金银幡胜，新春可佩，立春亦可戴。

幡胜多以彩纸、布匹为原材料，也有用金属制作的，匠人会将其裁切成蝴蝶、飞蛾、燕子或雄鸡等动物的造型。其用途与缕花一样，同为当时的装饰之物。

宋人已有馈岁的习俗。

馈岁时，宋人所选容器亦有讲究。这就要说到"馈岁盘合（盒）"了。

过年时，亲友之间会相互馈赠年礼，以此拜年。馈

明・丁云鹏・玉川煮茶图

岁盘盒便是宋人盛放、收纳礼品的容器，多为红漆木盘，上附一盖。木盖上一般刻有诸如“吉庆有余”这样的吉语。

宋人好酒。

苏轼写有“明月几时有，把酒问青天”；李清照写有“常记溪亭日暮，沉醉不知归路”；柳永写有“对酒当歌，强乐还无味”。

酒檐，便是宋人盛放年酒的一种容器。

宋朝的酒檐，无论是造型还是工艺，都称得上考究。

酒檐为红漆木桶，有盖，亦有提梁。

宋人在腊月采买酒檐，于春节以此装满年酒馈赠亲友，一来显得喜庆，二来颇有面子。宋朝有句民谚，叫“肥冬瘦年”，意为冬至一到，家家互相馈赠节物，比过年时送得还要多。

宋朝人过年不斗花，改为斗茶了。

虽说斗茶也沿袭自唐朝，但宋朝更讲究茶道，上到皇帝，下到士大夫，全都好茶，更不必说寻常百姓了。

大概到了下午两点，人们酒足饭饱，便会纷纷去茶楼喝茶。

由于茶文化的繁荣，宋朝斗茶之风极为盛行，就连宋徽宗都写有《大观茶论》，说斗茶是盛世之清尚。

唐宋时期，春节期间，人们还会举行鞭春牛活动。这一年俗在明清时期规模更大，多会在立春当日或者春节开年之时进行。人们会拿一根缠着五彩丝的彩杖，围着一头披红挂彩的牛鞭打。不过，那时候，人们不会真的去鞭打真牛，而是多以纸塑或者泥塑的牛来替代。以彩杖对其进行抽打、鞭打之时，还会有特定的念词：“一打风调雨顺，二打地肥土暄，三打三阳开泰，四打四季平安，五打五谷丰登，六打六合同春……”

鞭春牛完毕，人们还会象征性地进行耕地，意味着新一年的农事活动开始了。

清·黄钺·龢丰协象图册·土牛鞭春

千百年来，无论哪一个朝代，先人们都留下了独属于自己的印记。迎接新的，但也从不忘记旧的，因此年味儿才会显得更浓。

传承不是风，而是大地，无论走在哪里，我们始终身处其中。

旧时王谢堂前燕，
飞入寻常百姓家。

柒

古代的春晚节目单

贞观元年（627年），正月初三这一天，为庆祝自己统一中国，也因为刚好是春节，李世民便宴请了当朝的文武百官。

觥筹交错，君臣相谈甚欢之时，李世民下了一道命令。

得了皇帝的命令之后，殿内的乐工演奏了一曲《秦王破阵乐》。

秦王是李世民即位前的封号，而《破阵乐》则是隋末唐初的一种军歌。当时有人特地为这首旧的军歌填上了新词，以此来歌颂李世民的功德。

根据《新唐书·礼乐志》所载，大致可以了解这一乐曲的气势与恢宏程度。

后来，李世民亲自制图并命人为《秦王破阵乐》编舞，表演者

河南广播电视台·破阵乐

共计 128 人。舞者持戟披甲，前有战车，后列战阵，队列一共有三次变化，每次都会变为四阵。歌者位于一旁，舞者舞动时，歌者唱歌以和，非常有气势。

李世民在位期间，《秦王破阵乐》成为凡有庆典必会出现的歌舞曲目，一直流传了三百多年。

由此可见，“春晚”并非现代产物。在不同朝代，春晚有不同的呈现方式。魏晋南北朝时期，不仅除夕当晚会有庆典表演，春节期间，皇帝还会登上高处阅兵。只不过，在古代，春晚这样的文娱活动还只是宫廷所有，寻常百姓是看不到的。

春晚表演在唐朝达到鼎盛。

唐朝时，春晚节目种类多样，形式纷繁，不仅有优人带来的滑稽、幽默的表演，也有气贯长虹的大型舞蹈。杂技和魔术则是最基本的。

唐朝时，春晚的重头戏始终是歌舞。

可以说，唐朝是古代舞蹈艺术发展的高峰，宫廷乐舞大量涌现，各民族特色融入其中，花样繁多，精彩至极。

唐玄宗李隆基精通音律，尤爱歌舞，《霓裳羽衣曲》便是他亲自创作并编舞的。

唐玄宗所编排的《霓裳羽衣舞》到底有多精美绝伦，已无法考证。但 2021 年河南广播电视台春晚上《唐宫夜宴》的出现，让今人有幸一睹大唐盛世婀娜多姿的舞蹈。人们欣赏的是衣香袂影，感受的却是背后厚重的中华历史和文化。

河南广播电视台 • 唐宫夜宴

唐朝的春晚，几乎都以舞马表演作为重头戏。

除夕当夜，皇帝于宫中举行晚宴，前来拜贺的有当朝的文武百官，也有外国的使臣，更混有少数民族的首领。此时，往往会以舞马这一节目助兴。

唐朝的陶彩绘舞马便生动地还原了舞马在表演时的神态。

根据史料记载，舞马表演中往往会有高头大马出现。马经过训练会跟着音乐的节奏起舞，其间还会以口衔起酒杯，行至宾客面前，以半跪之姿将酒杯送到客人桌前。最多的时候，会有近百匹马同时表演。

与唐朝相比，宋朝的春晚更具人文气息。或者说，宋朝的春晚多以政治性仪式为主。

宋朝时，春节期间，宫内会设夜宴，也称国宴，其间有教坊司的人负责表演，节目更富文艺色彩。

只可惜，这春晚并不是给百姓看的，而是专为皇亲国戚以及文武百官所办。至于百姓？只可远观，而不可近看。

国宴之时，教坊司所表演的节目，通常以歌舞、杂剧等文娱节目为主。

表演之时，亦有报幕献词之人，其作用同今日的主持人。

苏轼不仅诗词写得颇妙，在献词上亦是难得的高手。

“恭惟皇帝陛下躬履至仁，诞膺眷命。法天地四时之运，民日用而不知；传祖宗六圣之心，我无为而自化。九德咸事，三年有成。始御八音之和，以临元日之会。人神相庆，夷夏来同……”“东风应律，南籥在庭。饯腊迎春，方庆三朝之会；登歌下管，愿闻九奏之和。上悦天颜，教坊合曲。”这些献词均出自苏轼之手。

宋徽宗亦喜乐律。

他在位时，某年国宴春晚上，皇家“官琴局”御制的“松石间意”琴亮相，表演者技艺高超，演奏的乐曲令文武百官无一不啧啧称奇。宋徽宗也因此龙颜大悦。

“松石间意”琴表面所涂的是搀有鹿角粉、朱砂、金、银细粒的大漆，做工精致、考究，有“天府奇珍”之美誉，如今收藏于重庆中国三峡博物馆。

到清朝，春晚的节目形式已经趋于完善，几乎与现代春晚大同小异了。

2019 年，故宫的养心殿进行了修缮。在此过程中，参与修缮的工作人员在养心殿西配殿南山墙前檐金柱砖雕的透风与柱根空隙间发现了一些细卷状纸张，打开一看竟是除夕戏目折——我们可以把它理解为当时的春晚节目单。

戏目折为道光年间所留，折子上明确地标记了节目名字、表演地点，以及演出的人员。其中，重华宫区漱芳斋后殿金昭玉粹上演节戏《升平除岁》，漱芳斋院内戏楼上演《福寿迎年》，乾清宫则上演《金庭奏事》。

清朝的春晚节目单上不只有歌舞表演，更有相声、小品，但最多的还是戏曲。无论是乾隆，还是道光，又或者是咸丰、慈禧太后，都是资深票友。

不过，说到清宫春晚的经典节目，肯定不是歌曲《难忘今宵》，而是庆隆舞。

所谓的庆隆舞，是一种源于满族民间的舞蹈。满清贵族入关之后，它才逐渐成为宫廷乐舞。

庆隆舞极具满族特色。因此，清朝时，只要是重大节日，无论是元日、万寿节、除夕，抑或皇帝大婚之日，几乎都会表演这一节目。

自上古时期，先人便已采用干支法纪年，后又把立春定为岁首。诸多民俗自此形成，并得以流传。

虽说各朝历代均有自己庆祝新年的方式，但唯一不变的是，每逢新旧岁交替之时，古人也好，今人也罢，都会除旧迎新，祈愿新年美好。

清・董诰・饯腊迎祥图册・先春报喜

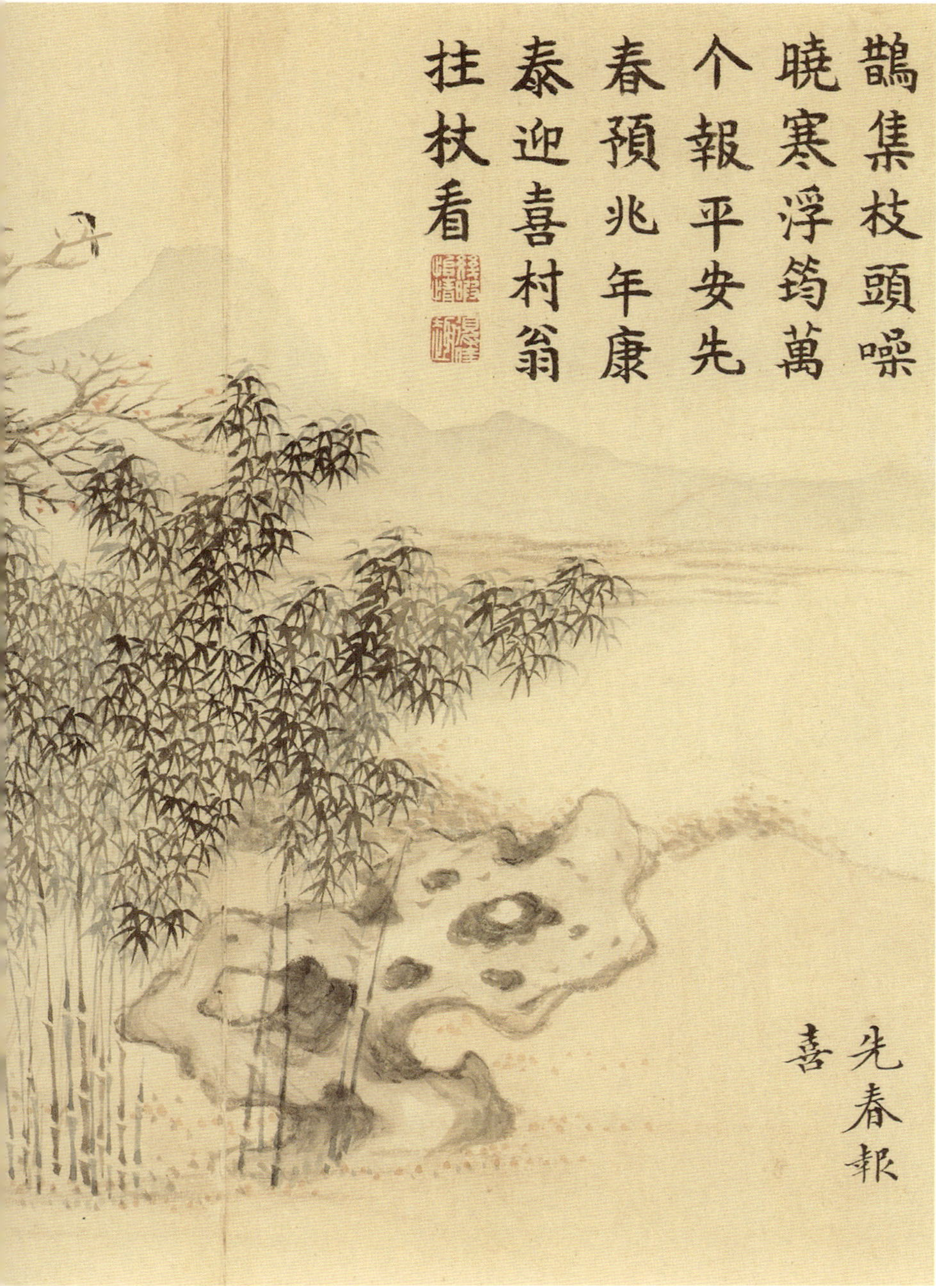
鵲集枝頭噪
曉寒浮筠萬
个報平安先
春預兆年康
泰迎喜村翁
拄杖看
先春報
喜

元宵

桂花香馅裹胡桃，
江米如珠井水淘。
见说马家滴粉好，
试灯风里卖元宵。

金吾不禁夜，
玉漏莫相催。

正月十五夜灯

唐·张祜

千门开锁万灯明，
正月中旬动帝京。
三百内人连袖舞，
一时天上著词声。

上元竹枝词

清·符曾

正月十五夜

唐·苏味道

火树银花合，
星桥铁锁开。
暗尘随马去，
明月逐人来。
游伎皆秾李，
行歌尽落梅。

元宵

朱柿
中国传统色

中国节日奇妙游／元宵

庆贺的，是一家团圆；
祝祷的，是太平盛世。

壹

独喜上元的宋朝人

1064年，北宋治平元年。

此时春节已经过去，宋朝人迎来了一年之中更为热闹的节日——元宵。

以中国传统天干地支纪年法看，这一年是甲辰龙年。

在中国传统文化中，龙是中国的精神图腾，龙年对中国人来说意义非常。

因此，这年的元宵节异常热闹。

汴京宫城，宣德门前的御街上，用于放灯的棚楼业已搭建完成。

棚楼又有山棚之称，多以竹木搭建，上有鲜花、彩旗和锦帛作为点缀，还有布画悬挂于上，画上所绘大多是与神仙有关的故事。

明・佚名・元宵行乐图・局部

这天是正月十四，是官家所定的放灯之期。

入夜之后，整个汴京城变作另一副模样。

首先入眼的，必是宣德门的城门楼前高悬的灯球。站在城楼上，整个汴京城的繁华便可尽收眼底。

山棚从冬至前后就开始搭建了，到放灯这日，悬于其上的各式花灯齐齐点亮，一时之间，光彩夺目。

花灯虽美，街上的歌舞伎却更胜一筹。

不管是歌舞伎身上所着的衣衫，还是发间所缀头饰，“相矜侈靡，珠翠锦绮，眩耀华丽”。轻歌以和，翩然起舞，翩若惊鸿，婉若游龙。

不管是御街，抑或马行巷中，家家户户张灯结彩，灯月交相辉映，街头游人如织，热闹非凡。

在2024年河南广播电视台的《元宵奇妙游》中，《烟火尽繁华》这一节目生动地还原了1064年北宋人过元宵的情景。

节目虽短，短到只如历史的一个注脚，却足以让人借此穿越古今，了解从前属于宋人的元宵之夜。

古时候，元宵节也被称为上元节。

宋朝人有“独喜上元”的传统。

自然，这是有史为证的。翻开《全宋词》，单与元宵有关的词就有330首之多。其中，最为知名的，当数辛弃疾所写的那首《青玉案·元夕》：

河南广播电视台·烟火尽繁华

东风夜放花千树。更吹落，星如雨。

宝马雕车香满路。

凤箫声动，玉壶光转，一夜鱼龙舞。

四大名著之一的《水浒传》中，则共计写了四次汴京的元宵节。

由此，足可见宋朝人对元宵节到底有多重视。

那么，元宵节到底是从什么时候开始有的呢？

在民间，有不少说法，其中最广为人知的则与吕后有关。

相传，西汉初期，汉高祖刘邦死后，由吕后专权。

虽有皇子继位，但形同傀儡，吕后始终凌驾于皇帝之上，且其家族成员把持朝廷重权。吕氏的这一行径，导致了不少开国功臣的不满。

直到陈平、周勃上演将相和，成功夺取京师南北二军的兵权，这才推翻吕氏的专政。据说这一日恰好便是正月十五。

在古时，夜被称为宵，正月被叫作元月。为了庆祝戡平诸吕之乱，汉文帝便将正月十五定为元宵节。

每年，逢此夜，汉文帝必会出宫游玩，与民同乐。

虽说这则故事有戏说的意味，但若结合司马迁修改历法的历史，似乎又是立得住的。

太初元年（公元前 104 年），司马迁修改历法之时，将元宵列入其中，作为民间的一个节日。这一历法最初被称为太初历，也就是所谓的汉历。

自此，元宵真正成为一个节日。

元宵节始于汉朝，兴于隋唐，真正的鼎盛时期则是宋朝。

《东京梦华录》有载：“至正月七日，人使朝辞，出门，灯山上彩”，“至十九日收灯，五夜城不禁，尝有旨展日”。我们不难发现，宋朝人过元宵，张灯庆祝的时间多达五夜，从正月十四到正月十八。如此漫长的假日狂欢，于古代是尤其罕见的。

至于原因，自然离不开宋朝的文明成就：社会环境是宽松的，

河南广播电视台·望乡

经济文化是繁荣的，百姓的生活是富足的。

这大概就是宋朝人独喜上元的缘由。

今日，元宵依然是我国重要的民间节日。与宋朝人一样，人们会在这一日欢聚一堂，看一场灯会，吃一碗汤圆。

庆贺的，是一家团圆；祝祷的，是太平盛世。

燃的，是一盏灯花；
寄的，是万民所向。

贰

古人赏灯多讲究

1034 年，连续参加科考、五次落榜的柳永竟然高中了。

这一年，柳永五十岁。

柳永出身不俗，生于官宦世家，而他也有些才情在身上。他自小就研读诗词，功名用世之志，自然是存于心中的。

偏偏宋真宗不太待见他，考了五次，全都落榜了。

庆历元年（1041 年），柳永结束了在洛阳的任职，被宋仁宗调回了汴京城。

宋仁宗给了他一个职位——太常博士。

这个职位掌管的是什么呢?

掌管的是太常寺里的祭祀、礼仪、习乐等活动，位从正七品，相当于现在的副县长级别。当时，太常寺是皇帝身边最为重要的部门之一。

到庆历二年（1042 年），元旦朝会可算是结束了，但柳永还要去忙更为重要的元宵灯会事宜。

宋朝人在元宵观灯这件事上可不含糊，甚至可以说非常讲究。

每年元宵节，宣德楼正对着的广场上必会搭建一个山棚。

山棚共设有左、中、右三个门，皆会用彩带进行装饰。居于中间的名为都门，左、右两侧的则被称为左、右禁卫门。都门上方会悬挂一块牌匾，上书“宣和与民同乐”六个大字。

山棚左、右二门往往会以植草编制成游龙的形状，草把则会用青色布匹倾盖，并会插上数以万计的灯盏，因而看上去宛如闪着金光的青色游龙。

灯会的布置工作非常繁复。

《东京梦华录·卷六·元宵》中有载：“自灯山至宣德门楼横大街，约百余丈，用荆棘围绕，谓之‘棘盆’，内设两长竿，高数十丈，以缯彩结束，纸糊百戏人物，悬于竿上，风动宛若飞仙。”

通俗点儿说就是，自灯山到宣德楼横大街一百多丈的地方，会用荆棘围起一块空地，名曰“棘盆”，盆中通常会插上两根数十丈高的长竿，竿上多缀彩带作装饰，另有各色纸糊戏剧人物挂于其上。清风徐来，纸做的戏剧人物随风而动，好似飞仙。

此外，柳永还须安排匠人于宣德楼下方用枋木搭建露台，以供元宵当晚教坊歌伎、舞伎在露台上表演各类杂剧，方便百姓观看。

如此辛苦，柳永却觉得值得。因为他尚在读书时便已存功名之志，人到中年才算实现这一宏愿，还受到了宋仁宗的重视。

因此，元宵当夜，宋仁宗亲临元宵灯会现场的时候，柳永百感交集，提笔写下了《倾杯乐》。

禁漏花深，绣工日永，蕙风布暖。变韶景、都门十二，元宵三五，银蟾光满。连云复道凌飞观。耸皇居丽，嘉气瑞烟葱茜。翠华宵幸，是处层城阆苑。

龙凤烛、交光星汉。对咫尺鳌山开羽（一作雉）扇。会乐府两籍神仙，梨园四部弦管。向晓色、都人未散。盈万井、山呼鳌抃。愿岁岁，天仗里、常瞻凤辇。

以往词人所写的是局部，是小情，是小景，但柳永这首不同。

词的上阕就像是一个长镜头，生动地描绘了当时汴京城的元宵灯会是如何热闹；下阕写的则是宋仁宗作为君王的天威，更是祝祷“愿岁岁，天仗里、常瞻凤辇”。

后来，这首词辗转被宋仁宗看到了，称赞不已。

自然，元宵灯会的仪式远不止搭建山棚。这里头最重要的，还是供人夜游时观赏的各式花灯，尤其是鳌山灯。

隋唐时期，鳌山灯便已存在，是当时元宵节的主要灯景之一。宋徽宗朝也曾在元宵节搭建过鳌山灯。据《大宋宣和遗事》记载，宋徽宗时所造的鳌山灯长 16 丈，阔 265 步，悬挂其上的灯盏数以千计。于是坊间便有了这样一个说法：鳌山一盏值千金。

明朝的画作《宪宗元宵行乐图》描绘的是明宪宗元宵当夜赏花

明・佚名・宪宗元宵行乐图

灯的盛况，其中就有鳌山灯。

在永乐十年（1412 年），为了让百姓们能逛上灯会，朝廷更是斥巨资请了不少能工巧匠，打造出鳌山万岁灯。

从当时的相关画作中就能看出，鳌山万岁灯气势恢宏。

数千种样式的花灯悬于其上，万盏花灯层层叠叠，近乎成山。元宵当夜，花灯遍燃，宛若星海。

明·佚名·元宵行乐图·局部

什么是鳌山呢？

《列子·汤问》有载，渤海有五座仙山，向来漂浮不定，让山上的仙人、圣贤十分苦恼。为此，玉皇大帝下了一令，命禺彊指挥十五只巨鳌将这五座仙山聚集在一起。如此之后，五座高山并在一

起，高耸入云，定于海中，后人称之为鳌山。

鳌山灯贵，自然不是寻常百姓可得的。对于他们而言，远观即可。但古时候，观赏鳌山灯的百姓，与下令搭建它的皇帝有着一样的愿景，都希望能过上仙山上的幸福生活。

奢靡的，自然不只鳌山灯，还有九华灯、百枝灯等。

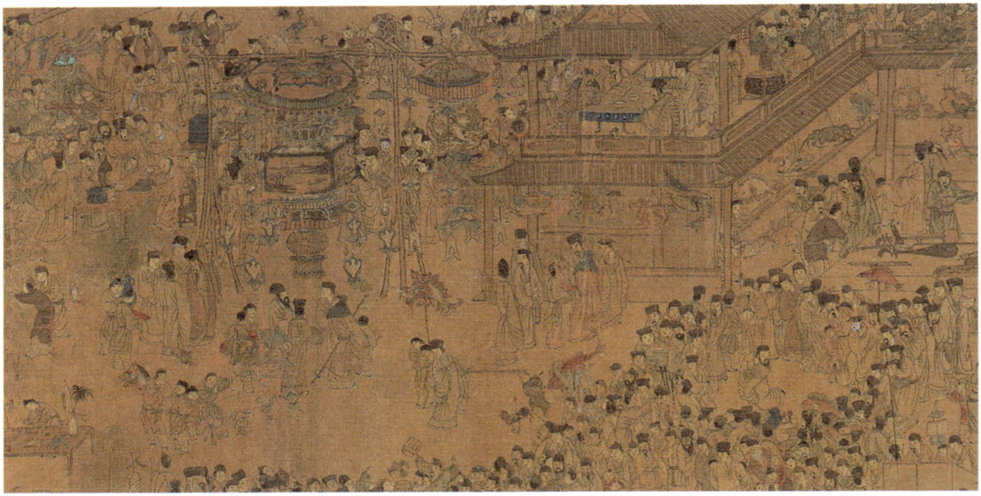

明 • 佚名 • 元宵行乐图 • 局部

所谓九华灯，可见《岁时广记》卷十一引《西京杂记》佚文："元夕燃九华灯于南山上，照见百里。"

百枝灯则是杨贵妃的姐姐韩国夫人所置，《开元天宝遗事》里有相关记载："韩国夫人置百枝灯树，高八十尺，竖之高山上，元夜点之，百里皆见，光明夺月色也。"

对于宋朝的百姓而言，他们最欢喜的，恰如《烟火尽繁华》中所呈现的那样，是街头随处可见的鱼灯、龙灯。

河南广播电视台・烟火尽繁华

元宵当夜，人人踏歌出行，花灯如树，万盏齐明，可照百里，但于百姓而言，最抢眼的永远是相伴而行的鱼灯和龙灯。

这是因为民间自古就有传说，凡是跳过龙门的鲤鱼就能变成龙，没有跃过龙门的鲤鱼则会“归来伴凡鱼”。因此，鱼龙舞中总能见到鱼龙相伴，不分不离。这也反映了鱼、龙之间特殊的关系。

而舞龙灯便是最古老的传统民俗活动。

舞龙灯多在当地龙王庙举行。与其他元宵活动相比，舞龙灯规模相对更为宏大，属于集体活动，且程序复杂：扎龙、扎灯、绘龙、唱龙歌、练龙舞，等等。

舞龙灯这日，表演者多以旌旗、锣鼓、号角作为前导，随后会举行仪式，从庙宇中请出龙身，接上龙头、龙尾，之后就是最经典的画龙点睛仪式了。

龙身多以竹子扎成，呈圆龙状，外罩绘满龙鳞的红布。龙灯整体约莫十数丈长，每隔五六尺有一人撑竿。龙前有一人举着竿子顶着巨球作为引导，巨球左右摇摆，龙首紧随其后，作抢珠状，以此完成舞龙。

河南广播电视台·龙舞九州

元宵灯会，除了赏灯，民间还有一些习俗也十分有趣，有些至今仍在流传。

其中，猜灯谜最为经典。

猜灯谜又被称作打灯谜，由谜语发展而来。顾名思义，人们将谜语悬于灯上，让观者猜谜。唐宋诗人就曾写过不少与灯谜相关的诗词。

唐朝诗人杜牧曾作灯谜《鹭鸶》："雪衣雪发青玉嘴，群捕鱼儿溪影中。惊飞远映碧山去，一树梨花落晚风。"

好吃的苏轼曾作灯谜《橄榄》："纷纷青子落红盐，正味森森苦且严。待得微甘回齿颊，已输崖蜜十分甜。"

明朝于谦曾作灯谜《石灰吟》："千锤万凿出深山，烈火焚烧若等闲。粉骨碎身浑不怕，要留清白在人间。"

清朝曹雪芹作有灯谜《风筝》："阶下儿童仰面时，清明妆点最堪宜。游丝一断浑无力，莫向东风怨别离。"

河南广播电视台·烟火尽繁华

元宵习俗里，送灯也非常有趣。

如今，在豫西，元宵节时人们仍会制作灯盏相送。灯盏多以豆面或水萝卜作为材料，最传统、最为常见的造型多半是鸳鸯、凤凰、狮子、荷花、麒麟送子等，并且会做成成双成对的。

制作这些的，多半是新嫁女儿的家庭，“灯”同“丁”谐音，送灯有盼望女儿婚后早日添丁的意味。若是女儿恰好怀孕了，则娘家除却要送大的宫灯，还要再额外添上一两对小灯笼，意指期盼女儿孕期平安。

令今人想不到的元宵习俗则是偷灯。

宋代唐慎微的《证类本草》记载：“正月十五日灯盏，令人有子。夫妇共于富家局会所盗之，勿令人知之，安卧床下，当月有娠。”

这一记述生动地解释了元宵偷灯习俗的由来。

这是说，古人相信，偷灯的人能生男丁，而偷灯意味着祈求子嗣延绵。因此，古时候，妇女出门偷灯，还真算不上盗窃，反而是名正言顺的。

但说到元宵最为有情调的习俗，还要数戴灯。

宋朝时，上元佳节盛行戴灯。人们会在游街之时，将各种造型的花灯戴在头上出行。至于目的嘛，自然也是图一个好兆头，祈求风和日暖、五谷丰登。

说了这么多与灯相关的元宵习俗，切莫以为，古人的庆元宵活动只与花灯有关。

除灯以外，正月十五民间还有踩高跷、舞狮子、划旱船等传统风俗。

作为古代百戏之一，踩高跷在民间广为流行。元宵当日，表演者脚踩高跷，扮相滑稽，最常见的形象多为渔翁、媒婆、小二哥、道姑等。

踩高跷之所以能够在民间盛行，大概是因为其背后的特殊寓意：家家快乐，踩高跷，步步登高。

这些习俗无一不是盼一个美好的兆头。

传奇之外，随手一捧，尽是浪漫。

叁

元宵之夜，红尘一遇

从前，有位名叫李益的才子在长安游学。

李益年过弱冠（二十岁出头），却还没有娶亲成家。于是，他找到一个名叫鲍四娘的女子，希望她帮自己保媒拉纤，挑得一个良配。

鲍四娘一看，这李益知书达礼，诗词歌赋样样精通，长得也俊俏，于是很爽快地应允了他的请求。

可是，将谁介绍给李益好呢？

思来想去，鲍四娘想到了跟着自己学歌舞的学生——霍王府的霍小玉。

霍小玉年方二八，无论是才情，还是样貌，都是极好的。

鲍四娘觉得这俩人若是能凑成一对，堪称璧人一双，于是内心便有了主意：她要将霍小玉介绍给李益认识。

就在鲍四娘百般思量要如何让两人相见的时候，恰逢元宵节到来。

古时有宵禁之说，但元宵节这晚百姓皆可踏歌而行，观赏花灯。

巧的是，与霍小玉聊天之际，鲍四娘意外得知她要在元宵节当晚出行观灯。于是，鲍四娘便把这件事告诉了李益。

到了元宵这晚，李益果然与霍小玉在街头观灯之时偶遇。说起来也巧，霍小玉当时头上戴着一支紫玉燕钗，不小心挂到了一棵梅树的树梢上。更巧的是，这支紫玉燕钗恰好被李益捡到了。

这二人由此相识、相恋，最终有情人终成眷属。

这则故事出自明代戏剧家汤显祖之手，名为《紫钗记》，也被后人称为汤显祖“临川四梦”的第一梦。

历史长河之中，发生在上元节的爱情故事不在少数。

电视剧《大明宫词》中，太平公主与薛绍的初见与情动，也发生在元宵灯会。

长安城内，花灯如昼，十四岁的太平公主在街头与韦姐姐走散。

街头之上，人头攒动，多如潮水，太平公主为了找到韦姐姐，只得将从自己面前路过的人脸上所戴的面具一一摘下。随后，她随手那么一摘，便看到了面具之下的薛绍的脸，只一眼，便为之心动。

也因此，古时候，元宵节不单单是春节后第一个盛大的节日，更被视为情人节。

这一点，有文献为凭。北宋的文学家欧阳修作有《生查子·元夕》：“月上柳梢头，人约黄昏后。”

这一描写恰是古时情人节浪漫氛围的见证与记录。

与其他朝代相比，宋朝更为开明、开放。

宋·钱选·招凉仕女图

宋朝时，汴京的女性寻常夜晚也是能够外出的，不过多半是三五好友相约，共赴茶楼一起品茶。

元宵这夜则给当时的女性带来了不一样的趣味。因为在这一日，一切的礼俗规范都不会成为束缚，她们既能结伴出游，也可单独出行。

在宋朝，“丰年人乐业，陇上踏歌行”说的就是元宵节这日踏歌的现象。

宋朝时，百姓会在元宵当晚踏歌狂欢，女子相比之下更为积极。

依照习俗，加之皇帝的授意，元宵节这日，于长街或是小道上，随处可见吟唱欢歌的少女，以及大规模的踏歌活动。

《招凉仕女图》所绘便是当时元宵赏灯女子的模样。

踏歌的背后，实则另有深意。

踏歌这一行为，一来是为了庆祝元宵佳节，二来是为了迎接春天的到来。2024 年河南广播电视台《元宵奇妙游》中《探春》这一节目的设置，便有“迎春”的寓意。

宋朝人重视上元节，这日女性的打扮，无论是衣衫，还是首饰，都比其他节日更为隆重。这并不奇怪，毕竟不管是服装还是首饰，皆是衬托女性美的一种载体。而不论穿戴什么，其目的都是将自己的美呈现出来，悦己，也悦旁人。

那时的女子，通常都是作何打扮呢？

《岁时杂记》有云：“都城仕女，有插戴灯球、灯笼，大如枣栗，加珠茸之类。又卖玉梅、雪梅、雪柳、菩提叶、夜蛾、蜂儿等，皆缯楮为之。”

宋朝女子元宵节最为别致的装扮，莫过于戴灯球。

元宵节赏灯这一晚，女子会在头上插戴或在自己身上挂上如同枣子大小的灯出行。

此外，女子还会戴一些当时的“节物”，如闹蛾儿、雪柳等。

在当时，尤其是高门的贵妇，多会托匠人用漆纱、金、银、玉等制作成桃、杏、荷、梅、菊等不同的样式，簪于发间。宋朝女子盛行簪花，其中真花最受推崇，尤其是牡丹和芍药。

元宵之夜，随处可见龙灯、鱼灯、花灯，赋予了这一节日浪漫的氛围。又因为这一日无论男女皆可出游，于是便制造了男女交往的机会。

这一点从李邴的《女冠子·上元》就能发现：“帝城三五。灯光花市盈路。天街游处。此时方信，凤阙都民，奢华豪富。纱笼才过处。喝道转身，一壁小来且住。见许多、才子艳质，携手并肩低语。”

若觉有疑，大可再去翻阅《张生彩鸾灯传》。

河南广播电视台·烟火尽繁华

《张生彩鸾灯传》是宋代话本小说，同样是则爱情故事。它讲的是东京汴梁一位叫张生的贵官公子，生得聪俊，元宵当夜去乾明寺看灯，意外在殿上捡了一条红帕子，因而与素香结识，最终私奔的故事。

历史长河中，沙砾多之又多，随手一捧，尽是一些发生在元宵节的爱情故事。

要如何才能说，它不算中国古代特有的情人节呢？

肆

喝一口热汤，
为的是生活热辣滚烫；
吃一颗汤圆，
图的是一家人团团圆圆。

一颗汤圆里的中国味

若说华人里头谈吃的第一人，非唐鲁孙莫属。

作为珍妃的堂侄孙，唐鲁孙出身贵胄，年纪还小的时候就能够自由出入皇宫。想必，宫中所藏的书，他读过不少。又因为他年轻时就只身外出谋职，有了游遍全国的机会，其见识远超常人。

对于各地的民俗风情，他更是了解得极深。

唐鲁孙好写吃，出过的书也多半与“吃”相关，像是《大杂烩》《中国吃的故事》《天下味》等，都与“吃”相关。其中有一本名叫《酸甜苦辣咸》的随笔集，书中有这么一篇文章，名叫《元宵细语》。

按照唐鲁孙的说法，宋朝时就已经颇为盛行吃元宵了。不过，当时元宵被人称作“浮圆子”。元宵这个名字，是后来才改的。

宣统皇帝还没出宫以前，每年到元宵节这一日，御膳房的御厨们便会制作一种枣泥奶油馅料的元宵，味道如同甜酪，奶香蕴藏其中。

唐鲁孙的这一说法，《岁时杂记》中亦有记载："京人以绿豆粉为科斗羹，煮糯为丸，糖为臛，谓之'圆子'。"

如今，关于元宵节吃汤圆还是吃元宵，南北方说法不一。

北方的元宵与南方的汤圆，主要区别在于其做法。

北方的元宵多半是现做现卖的，馅儿的种类有豆沙、枣泥、黑白芝麻等。馅料调制完成后，切成如同骰子大小，放置于装有糯米粉的筛子中摇匀，往复若干次才算制作完成。

南方的汤圆则通常是提前擀皮，将馅料包裹在皮中，再揉搓成圆形的。

二者之间，可谓各有千秋。

然而，早期并没有汤圆与元宵之分。更甚者，元宵这日，老祖宗们在吃食上面的选择比我们还多。

据《续齐谐记》记载，魏晋南北朝时期，到了元宵节这一日，民间通常都会祭祀蚕神，吃食多以白膏粥为主。

什么是白膏粥呢？就是用猪肉或者猪油，与大米混在一起，熬煮成粥。

到唐朝，人们在元宵这一日盛行吃面茧。

天宝年间，每到正月十五，人们就开始造面茧。

范成大曾写过《两头纤纤》："两头纤纤探官茧，半白半黑鹤鹭缘。"

这两句其实就交代了面茧的大概样子，有人说它像饺子，也有人说它是带馅的馒头。

有人喜肉，有人好素，不论何种食材，皆可以调制成面茧的馅料，再用面皮包起来。

由上面的诗可知，面茧还有一个称呼，名为“探官茧”。

这是指，当时的人会在馅料中放置书有官品的纸签或是木片，人们吃的时候会从里面取出，以卜日后官位的高下，实际上就是图个吉利。

宋朝时，元宵节这天，家家户户的餐桌上必会出现一道传统的餐食——焦馇。用现在的话来说，焦馇就是油炸元宵。

《太平广记》里就曾记载它的做法：将软面、枣泥和麻油作为原料，枣泥为馅，软面包裹，丢入香油锅中油炸，“其味脆美，不可名状”。

到了唐朝，这一习俗仍然存在。有位名叫王梵志的和尚，就曾写过一首白话诗来夸赞焦馇：“贪他油煎馇，爱若波罗蜜。”

明・佚名・元宵行乐图・局部

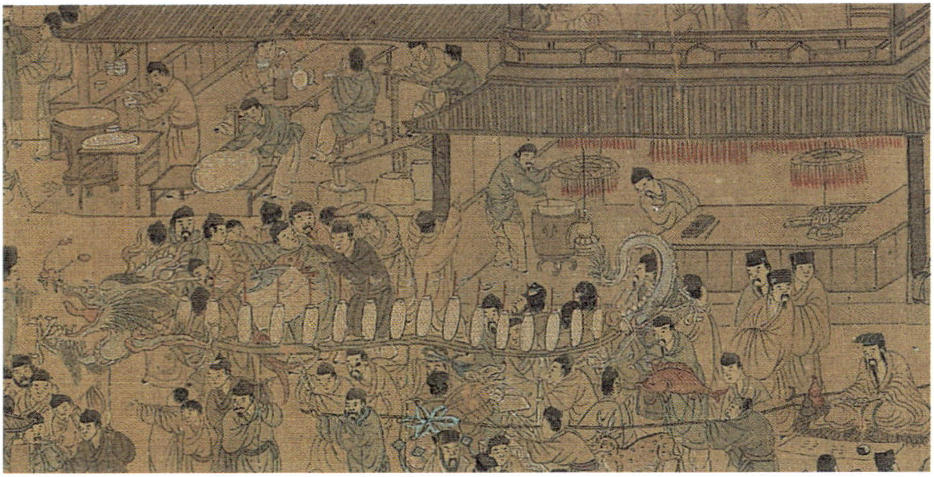

在宋朝，临近元宵节时，集市上还有卖焦馅的摊位。

通常，卖焦馅的人会推着一辆用竹架子制作而成的车子售卖。摊主还不忘给车子增加装饰，最为常见的便是缀着梅红缕金的小灯球，同时还会在竹架的前后挂上灯笼。这就算了，往往还得配上一面鼓，每卖出去一份，摊主就会敲一下鼓，十分有趣。

南宋的政治家史浩更是写诗生动地描述了圆子的制作过程。

玉屑轻盈，鲛绡霎时铺遍。
看仙娥、骋些神变。
咄嗟间，如撒下、真珠一串。
火方然，汤初滚、尽浮锅面。
歌楼酒垆，今宵任伊索唤。
那佳人、怎生得见。
更添糖，拚折本、供他几碗。
浪儿门，得我这些方便。

《岁时广记》中还载有元宵时人们会吃的其他节庆小吃，其中就有蚕丝饭和下酒果子。

蚕丝饭，顾名思义，就是把米饭做成各种颜色，“捣米为之，朱绿之，玄黄之”。在当时，南方人将其称为盘餐。

下酒果子则是来自四方的珍果，以永嘉柑为上品，佐以橄榄、绿橘，是宋朝时人们餐桌上必不会少的一道节庆小吃。

时至今日，每逢元宵，无论南北，人们总会吃上一碗汤圆（元宵）。千百年来，其目的始终没有变化——为了喜庆、团圆。

喝一口热汤，为的是生活热辣滚烫；吃一颗汤圆，图的是一家人团团圆圆。

家之所愿，国之所盼，
千百年来，从未改变。

伍

皇家如何过元宵

作为明朝的第八位皇帝，明宪宗朱见深可称不上明君。

生活奢靡就算了，偏偏他治国平庸；治国平庸就罢了，可他还喜欢追求新奇、刺激。若真要说他这个人有什么优点，也只有他爱画画。《宪宗元宵行乐图》便是他亲自监督绘制而成的。

若不是这幅画，后人怕是无法细致地知道，明朝皇宫是如何过元宵的。

《宪宗元宵行乐图》全长 624 厘米，宽 37 厘米，整幅画气势恢宏，构图严谨，画工的技法更是堪称精湛、细腻。

画上所绘的，无论是宫廷院落之巍峨，还是人物的神态，皆称得上细致入微。最有趣的是，每一个场景中，宪宗皇帝都在场，且身着不同的衣装，神态也各不相同。但有一点颇为一致，那就是他皆在欣赏元宵节宫内举办的各项活动。

画得传神，观画人眼前自然是有画面的。

明朝成化年间，是日元宵。宫内庆祝元宵节，自然是更为热闹的。

一名小太监从木箱之中取出爆竹，分发给在场的人。这意味着节日到了，庆祝的节目也要登场了。

院落之中不乏童子，另有太监准备燃放爆竹与烟花。稍大胆一些的，手持烟花点燃；略胆小一些的，则将烟花置于地上。少不更事的稚子，躲在成年人的背后偷偷观看。

明・佚名・宪宗元宵行乐图・局部

有人扮作卖货郎的模样，挑着摆满货物的担子。更有人推车叫卖，长方形的车板上陈列着精美器皿和花灯，车前挂有两盏球灯。贪玩的小孩儿被花灯吸引，跑到摊位前买上一盏灯，一溜烟就又跑开了。

元宵佳节，当有表演。有人扮成扛着毛笔的道士，也有光头挺着肚子扮演弥勒佛，更有人举着旗子走在前面。

宪宗皇帝则身着黄袍，站立在殿前观看着眼前这一幕。

元宵节这日的灯市、烟花、爆竹、歌舞百戏，在这幅画卷中都有呈现，让我们看到了数百年前明朝皇宫是如何过元宵节的。

不过，与宋朝相比，宪宗皇帝的这一日实在算不上特别。

明·佚名·宪宗元宵行乐图·局部

宋朝时，皇家过元宵节有三个讲究。

第一，宴请百官；第二，警示百姓；第三，与民同乐。

“宴请百官”是说，到了正月十四这一天，皇帝会在宫内设宴，并会赐群臣参与，每每直到晚上才会结束。

“警示百姓”则有点儿像是咱们现在的普法教育。

为什么要警示百姓呢？

这主要是因为宋朝时元宵节外出赏灯的人

实在太多了。先不说宫廷安排的数千踏歌行舞的宫女，单是出门游玩的百姓，人也实在太多。又因唐朝时有拾遗的习俗，到宋朝时一部分人开始不满足于拾遗，而是会直接动手去抢。

《武林旧事》中曾有记述："京尹幕次，例占市西坊繁闹之地，蕡烛籸盆，照耀如昼。其前列荷校囚数人，大书犯由，云：'某人，为不合抢扑钗环，挨搪妇女。'"

"抢扑钗环，挨搪妇女"即抢夺首饰、调戏妇女。

于是，这才有了警示百姓的安排，目的是"姑借此以警奸民"。所以，"三狱亦张灯，建净狱道场，多装狱户故事及陈列狱具"。

不过，朝廷通常会用花灯上所绘的图像或者灯饰，来对那些不法分子进行警示，以起到震慑的作用。

"与民同乐"则是说，宋朝的皇帝不像明宪宗那样，在宫里重现民间百姓欢度元宵的场景。他们会深入民间，与民同乐。

元宵节前后，太常寺会布置山棚，同时会在宣德门的城楼上为皇帝设专座，方便皇帝和百姓一起赏灯，感受节日的气氛。老百姓也可以借着这个机会，远远地看一眼皇帝究竟长什么样。

只坐在宣德门城楼的雅座上，对皇帝来说自然是不够的。

宋朝时，元宵节期间，皇帝还会乘坐小辇去宣德门前观赏花灯。

说到这里，不得不提到一个故事。

该故事源自《大宋宣和遗事》。

故事说，北宋宋徽宗宣和年间，某年元宵节，一位年轻的女子和她的丈夫手挽手夜游于灯会街头。由于这夜出行的人实在太多，一个不留神，两人竟然被人群给挤散了。这位年轻的女子于是就一边在人群中走着，一边找寻丈夫的身影。谁料，等她一路走到宣德门前，连丈夫的影子都没有看见，却看到宋徽宗正在给百姓赐酒。

如此好事，岂能错过？

于是，女子拨开人群，直接插队排到了最前头。

别人都是等宋徽宗赐酒，这女子却太心急，直接抢了一杯一饮而尽。插队、抢酒都暂且不提，最离谱的是，这女子喝完酒后直接把盛酒的金杯藏了起来。

或许，她原本以为，人多眼杂，没有人会注意到这一幕。但偏偏不凑巧，一旁的内侍将一切尽收眼底。待到女子想溜之大吉之际，内侍直接上前将她擒住。

元宵之夜，四处张灯，本就有警示百姓的意味，偏偏此人还在这日行窃，并且偷的还是皇宫的金杯！

内侍押着女子去见了宋徽宗，说明了此事，希望宋徽宗给女子定罪。

这名女子却丝毫不慌不乱，而是现场写了一首诗，道出了自己偷杯子的原因。

灯火楼台处处新，笑携郎手御街行……归来恐被儿夫怪，愿赐金杯作证明。

宋徽宗一听，觉得她言之有理：元宵佳节与夫君走散，又饮了酒，恐怕丈夫与公婆误会，才做出此举，以为自己证明。

于是，宋徽宗便没有定她的罪，而是隔着帘子笑了笑，说：“把这金杯送给她吧。”

这就有了“窃杯女子”的故事。

与明朝的宪宗皇帝相比，宋朝的皇帝似乎更为亲民。

那么，宋徽宗元宵节时看到的是什么呢？

是盛世如斯，是男女有情，是人人皆可在这一日不受宵禁之影响，踏歌赏月。

有人成诗成词，而有人隔着帘子也看到了这天下太平。

这是家之所愿，更是国之所盼。

千百年来，从未改变。

陆

灯光幻影里，多的是中国的传统文化。

唐朝元宵晚会演什么

自先秦时期到明清两朝，古代一直存在一种制度，名为宵禁。

在唐朝，负责宵禁的官员被唤为执金吾。

执金吾的主要职责往往是徼循京师、禁备盗贼、逮捕罪犯、审治狱案等。其中就包括负责宵禁。

宵禁是如何完成的呢？

到了日暮时分，负责的官员会击鼓，鼓声响起就意味着一切的夜间活动都要禁止了。

直到唐朝时，武则天才做出在元宵节开宵禁三夜的尝试。

毕竟，自古以来，元宵节基本上都属于夜间节日，人们相会，月下赏灯。如果还以宵禁约制，实在不像话。于是，在武则天的授意之下，“放夜”开始推行。

这一典故，唐代韦述于《西都杂记》中有所记载：“西都京城街衢，有金吾晓暝传呼，以禁夜行；惟正月十五日夜，敕许金吾弛禁，前后各一日，谓之‘放夜’。”

“放夜”的推行，让百姓感激不已。

旧演义小说《说唐三传》中，有一回便提到了此事。

说是唐高宗在位时，武则天请高宗下了一旨：“大放花灯，与民同乐。”

此令一出，无论朝野，还是百姓之家，门头上皆悬挂花灯，更有人给宰相送了一盏凤凰灯，牌匾上写了四个赤金大字“天朝仪凤”，还附有一副金字对联，就是为了歌颂武则天的功德。

到了开元年间，元宵节放夜成为定例。

唐朝皇帝多重视元宵，为了庆祝元宵，还会举办“元宵晚会”。

历史上，唐玄宗尤其热衷于举行“元宵晚会”。

《明皇杂录》里不止一次提起唐玄宗李隆基执政期间大办元宵晚会的盛景，可谓热闹非凡。

每年一到正月十五元宵这日，唐玄宗便会为群臣赐宴。百官接到这一消息后，会纷纷赶往勤政楼，一同过节。

唐玄宗本人原就精于音律，又擅歌舞，因此晚会的节目编排既做到了形式的多样性，同时兼顾了内容的丰富程度。

唐朝元宵晚会的节目大致可分为三类。

玄宗时期，元宵晚会通常以大型的乐舞开场。我们知道，唐朝著名的大型歌舞节目《霓裳羽衣舞》就是唐玄宗作曲并编排的。因此，有这么一说：玄宗在位期间是乐舞最为鼎盛的时期。

登台表演歌舞的，也可以称得上当时的“顶流”了。像是杨玉环，就尤其擅歌舞，更不消说迎娘、蛮儿、念奴等教坊里明星级别的表演者了。

唐玄宗曾这样评价念奴的唱功：“每啭声歌喉，则声出于朝霞之上，虽钟鼓笙竽嘈杂而莫能遏。”

乐舞过后，滑稽类的节目登场了。

这一类别的节目，当时比较有名的是优人表演。它与如今的小品、相声颇有相似之处，都是以插科打诨穿插而成的语言类节目。表演者口条不俗，语言更是幽默风趣，能让在座的群臣为之大笑。

杂记、幻术表演在唐朝尤为盛行，元宵晚会的节目单上自然也漏不了这两项。

唐朝元宵晚会中的杂记表演基本以绳技、高跷、踏肩蹈顶为主，另有载竿、爬竿、顶竿、车上竿戏、掌中竿戏等表演。表演者技艺精湛，可谓出神入化，在当时非常受欢迎。

幻术表演自然是不必说了，唐朝盛行嘛！

蒋防所著的《幻戏志》里就曾写过一则幻术表演的故事：“乃于席上以瓦器盛土种瓜，须臾引蔓生花，结实取食，众宾皆称香美异于常瓜。”

类似的幻术表演还有很多，表演者技艺精湛，表演结束往往都能令看客瞠目结舌。

唐朝的元宵晚会上也有舞马表演。

从史料来看，舞马表演规模非常盛大。

多达上百匹的骏马着盛装，随着教坊司的鼓声、乐声翩然起舞，领头的舞马更是会纵身跃上三层高的木板，旋转如飞。

有意思的是，唐朝时元宵晚会就已经存在分会场了。皇帝为了能够亲民，这一节令总会想方设法与民同乐，这些节目不只群臣和宫内的人能观看。

唐朝的元宵晚会还有第二现场，在宫殿外面。

唐朝的百姓也乐于观看表演。元宵本是佳节，通常举国欢庆，阖家欢乐，人人皆会踏歌赏月，热热闹闹地度过这几日。

元宵节收灯之后，女子通常会去郊外宴游，也被称为“探春”。

这“探春”二字甚妙，是说去探听春天的消息。这一习俗一直延续到宋末。

是啊，元宵一过，春日渐暖，一元复始，万象更新。

随着一盏灯花坠，千树万树的春花便会尽开，而人们也将随着春天的到来，迎来下一个节日——清明。

寒食

唐·韩翃

春城无处不飞花，
寒食东风御柳斜。
日暮汉宫传蜡烛，
轻烟散入五侯家。

苏堤清明即事

宋·吴惟信

梨花风起正清明，

郊行即事

宋·程颢

游子寻春半出城。
日暮笙歌收拾去，
万株杨柳属流莺。

芳原绿野恣行时，
春入遥山碧四围。
兴逐乱红穿柳巷，

莫辞盏酒十分醉，
只恐风花一片飞。
况是清明好天气，
不妨游衍莫忘归。

清明

水龙吟

中国传统色

清明

中国节日奇妙游 / **清明**

清明最大的意义，
莫过于让我们找到归属，
明确我们从哪里来。

壹

清明的由来

仲春暮春之交，冬至后的第一百零八日，中国时年八节之一的清明节便到了。

在二十四节气之中，清明比较特殊，是唯一一个既是节气又是节日的日子。

在古代，一入春季，便迎来三大传统节日：上巳、寒食、清明。如今我们所过的清明节，便是这三个节日的融合。

上巳节起源于周朝，兴于汉代，至魏晋南北朝时期才得以统一形式：每年农历的三月初三，百姓会去水边进行祭祀活动，通过洗涤身体来驱邪辟疫。而且，这是一个全民参与的节日。

唐朝时，上巳节最为鼎盛。官家也好，百姓也罢，都尤其看重这一节日。用今时今日的话说，上巳节就是春天的狂欢节。

至宋朝时，除了在元曲与杂剧之中偶尔出现，上巳节已经呈现衰落之象，日渐式微。

真正定下如今我们所过的清明节基调的是寒食节，而寒食节的由来得从《庄子·盗跖》中的一个故事说起。

春秋时期，晋献公的宠妃骊姬为了让自己的儿子奚齐顺利继位，使用计谋乱政，最终逼得太子申生自杀而亡。

申生死后，骊姬仍不罢休，因为申生还有一个弟弟，名叫重耳。他若活于这个世上，对骊姬的计划而言仍是威胁。

没有办法，为了自保，重耳只能开始了自己的流亡生涯。

重耳流亡他国的那段时间，可谓看透了世间冷暖。原本追随他的贤士一个个弃他而去，最终他身边只剩下几个忠心耿耿的人。其中有一位名叫介子推的贤士，始终跟随着他。

这天，重耳与介子推等一行人逃入卫国国境时发生了意外，他们随身所带的钱粮全都被偷了。无奈之下，重耳只能带着自己的部下暂时躲进深山里。

但问题又来了：重耳得了重病，饥寒交迫之下竟晕了过去。

当时，他们所处的山头可以说是荒山野岭，并无人家，野果子更是没有的。

如何才能让重耳饱餐一顿？这成了一个问题。

几人面面相觑，想不出怎么解决的时候，只见介子推从自己的腿上割下一块肉，丢入锅中熬了一碗肉汤，并吩咐其他人端给重耳，让他喝了下去。

一碗肉汤下肚，果然，没多久，重耳的体力便恢复了。

赶路的时候，重耳发现，介子推走起路来一瘸一拐的。在他的再三追问下，这才有人将真相告诉重耳。

重耳听后感动不已，泪盈于睫，他说：“你对我，这是割股啖君之恩啊！若他日，你我皆能活着回去，且能平定骊姬之乱，将江山夺回，我必定会重赏你。”

随后，介子推始终追随重耳在外逃亡，共计十九年。几经周折，重耳得秦穆公相助，终成一国之君。

从逃亡公子到春秋五霸之一，晋文公这一路走得不容易。因此，登基之后，他便开始大肆封赏。只是他赏了一大圈，却独独把介子推给忘了。

对此，介子推并不气恼。一来，他不求功名利禄；二来，他自觉于社稷无功。忘了就忘了吧，介子推也没多想，带着母亲归隐绵山生活了。

然而，有人为介子推鸣不平，写下一首诗讥讽晋文公不配被称为名君，是典型的忘恩负义之人。很快，这首诗就在大街小巷流传开来。自然，没多久，晋文公也听到了。

对于作诗之人，晋文公并未追究，更多的反而是自责。他后悔极了，便命人去请介子推。可手下人去了好几次，介子推都不肯下山。就连晋文公亲自去，他依然不肯下山。

这时，晋文公手下的两位佞臣——一个叫赵衰，一个叫狐偃——因为嫉妒介子推，便出了个奸计：以火烧绵山三面，只留一条道路，这样为了母亲能够活命，介子推必会下山。

晋文公并不知道这是两位佞臣的阴毒手段，便点头应允了。

佞臣得令，一把火点燃了绵山，大火整整烧了三天三夜。待火熄了之后，晋文公率领众人上山，几经找寻，最终在一棵柳树下看到了背着母亲的介子推的尸骨。

柳树上了些年头，虽然已被烧毁，树洞却仍在，里面留有一封血书。那是介子推写下的，上书：割肉奉君尽丹心，但愿主公常清明……

晋文公悲伤不已，将介子推葬于绵山，修祠立庙。为纪念介子推，晋文公将三月五日定为火禁日，并下令往后每年此日全国的百姓均不得燃火，且只能吃寒食，以表达哀思。这就是寒食节的由来。

上巳、寒食两节一过，清明便来了。

与上巳、寒食相比，清明节形成得较晚。

我们且来看看，古代清明节这日人们主要做些什么。

往往，寒食结束，进入清明。此时，上至皇家，下至百姓，都要重新生火，取新的火种开始新的生活。因此，当时，清明期间，民间百姓有馈赠新火的习俗。

据《大唐开元礼》所载，唐朝时颁布了《假宁令》，明确规定寒食节扫墓成为官方认同并倡导的礼仪之一，且清明节可以与寒食节一起放假。慢慢地，便演变成了如今的清明节。上巳、寒食、清明这三个节日里的踏青、祭祀习俗也融合到了一起。

《论语》中有这么一个词：慎终追远。

清明祭祖，代表的是对先辈、前辈贡献的遵从、延续与传承；奉先追远，意味着对民俗文化的传承；而清明最大的意义，莫过于让我们找到归属，明确我们从哪里来。

要慎终追远，
也不辜负春光正好。

贰

杯莫停，曲水流觞

提起清明，人们总会先想到那句“清明时节雨纷纷，路上行人欲断魂”。

一说清明，给人的总是伤感的氛围。扫墓祭祖，追思先人，有所感怀，这是在所难免的。

然而，在古代，清明节也是一个十分欢快的节日。

有史为证。

永和九年（353 年），三月初三，正值暮春时节，又到上巳。

这天，王羲之与谢安、孙绰等四十一位文人贤士，一起在兰亭进行了修禊仪式。

洗涤结束之后，众人无事，就又举行了饮酒赋诗的“曲水流觞”

明末清初·沈时·兰亭修禊图

活动。

曲水流觞，所谓何意？

“曲水”指“引水环曲成渠”，“流觞”指的则是漂浮的酒杯。

在古代，盛酒的器具为觞，多是木质或陶质。觞有两耳，一左一右，形似飞鸟的羽毛，因此也有羽觞之称。

“曲水流觞”这一活动是指众人环坐在渠旁，于弯曲水渠的上游放置酒杯，让酒杯顺水漂流，杯子停在谁面前，谁就要取杯饮酒并吟诗作赋。

这一活动自西周初年就已经存在。南朝梁吴均曾在《续齐谐记》中有载：“昔周公卜城洛邑，因流水以泛酒，故逸《诗》云‘羽觞随波流’。”

后来，它逐渐发展成文人墨客诗酒唱酬的一桩雅事。

王羲之是晋朝的贵族，时任会稽内史。与他同行的，也皆是文人雅士。一群文雅的人，自然成就了一段千古佳话。

在这一次曲水流觞的游戏中，有十一人作诗两首，十五人成诗一首。自然，也有十六人完全写不出诗来。那写不出来的怎么办呢？罚酒三杯。

游戏结束之后，王羲之将大家所写的诗收集了起来。随后，他找来蚕茧纸，手持鼠须笔，潇洒作序，乘兴而书，写下了后来举世闻名的《兰亭集序》，被后人誉为“天下第一行书”。王羲之也因

此被人尊为“书圣”，《兰亭集序》则被称为“禊帖”。

这段故事落于纸上，只可意会。

至明代时，文徵明提笔，手绘完成《兰亭修禊图》。

2023年，在河南广播电视台的《清明奇妙游》中，“曲水流觞”得以完美再现。

春和景明，满城飞花，是日春宴，绿酒一杯歌一遍。两岸绿树红花，王羲之与他人一同坐在弯曲的河渠边，酒盏沿着溪流而下。杯停，一盏酒尽，一首好诗便如同一粒种子，在这春日里落了下来。

可以说，这一节目的出现让人知道了原来古代的文人雅士们竟

河南广播电视台 · 曲水流觞

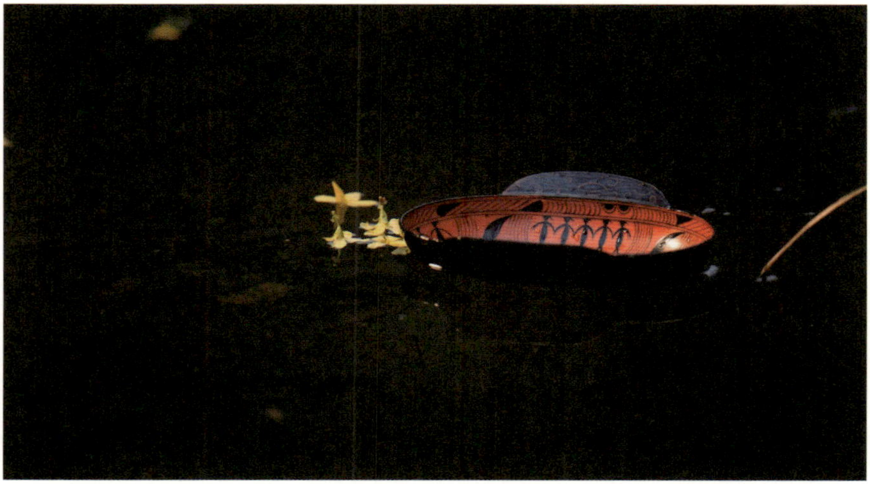

然有如此风雅之举，也让多数人了解了“曲水流觞”这种生活是多么有品质，以及其背后所蕴含的文化。

随着唐朝颁布《假宁令》，上巳、寒食与清明三节合一。“曲水流觞”成为唐、宋两朝清明节常会出现的活动之一。

曲水流觞多是文人雅士之举，对于寻常百姓家来说，清明踏青是最为常见的。

欧阳修的《采桑子》中曾这样写道：“清明上巳西湖好，满目繁华。”

《东京梦华录》中也有记载：“四野如市，往往就芳树之下，或园囿之间，罗列杯盘，互相劝酬。都城之歌儿舞女，遍满园亭，抵暮而归……轿子即以杨柳杂花装簇顶上，四垂遮映。”

北宋时期，一到清明时节，无论男女老少，皆会结伴出行，组团游园，看花赏春。

人们往往会行至郊区，抑或选一处园林，择一棵碧绿的大树，围坐在树下，再从食盒中取出一早备好的酒菜，野餐露营。

宋朝园林极为普遍，除皇家园林之外，也有私家园林。每至节日，无论是皇家园林，还是私家园林，均对外开放，普通百姓可以在这一时期进入。

若是百姓在园林之中踏青，那可就有眼福了。因为园林之中一般都会有歌伎、舞伎进行表演，以此助兴。

百姓几乎都会在这一日游玩至天黑才回家，并且不忘在轿子上插满柳枝与野花。

插花，是为探听春天的消息。而关于插柳，从文献资料来看，解释有十余种，有插柳辟虫一说，亦有祭祖之说，另有驱邪、招魂的说法。

清明赏梨花，在唐宋时期也颇为盛行。

宋・佚名・梨花鹦鹉图

唐朝时，梨花作为经济作物得到广泛种植，在山区农野随处可见。

唐朝的王表在清明时赏了梨花，写下了《清明日登城春望寄大夫使君》，“寒食花开千树雪，清明日（一作火）出万家烟”。宋朝苏东坡在清明赏梨花，写下了《追饯正辅表兄至博罗赋诗为别》，“梨花寒食隔江路，两山遥对双烟鬟”；陈与义在清明时赏了梨花，写下了《清明》，“寒食清明惊客意，暖风迟日醉梨花”。

梨花开花，往往恰逢清明、寒食前后，因此，梨花又被称为“寒食之花”“清明之花”。梨花洁白，清冷、高洁，恰恰对应了清明的文化内涵。因此，唐宋时期，赏梨花是一件雅事。

不过，与旁的文人相比，宋朝的词人陈允平清明节更乐得斗草。

宋朝时，斗草这一习俗在清明时节蔚然成风。人们会选择韧性较好的花草的根茎进行游戏，看谁的草更厉害、更漂亮。因为爱斗草，陈允平还写下了“斗草踏青天气，买花载酒心情”，足可见当时清明是多么快意的一个节日。

明清时，最为流行的清明习俗非放风筝莫属。

《帝京岁时纪胜》有载：“清明扫墓，倾城男女，纷出四郊，提酌挈盒，轮毂相望。各携纸鸢线轴，祭扫毕，即于坟前施放较胜。”

至于古人认为清明时节适合放风筝，则是有缘由的。

《清嘉录》有载：“春之风自下而上，纸鸢因之而起，故有‘清明放断鹞’之谚。”

古人以为，放风筝也是游园的活动之一，但有讲究。古人放风筝，多半会将自己所患的病症写在风筝上，待到风筝飞起时，以剪刀剪断丝线，让风筝随风而去，希望秽气也跟着尽数消散。

古人过清明还有一项活动极为重要，那就是拔河。

拔河这项运动由来已久，早在春秋战国时便已经存在，只不过那时被称为钩强、牵钩。与如今不同的是，这一活动最初其实是用于训练士兵的。后来，它逐渐演变为荆楚一带比较大众的运动，一直流传至今。

到唐朝，拔河这一名字被定下，不再称作牵钩之戏。

《封氏闻见记》曾详细记载，人们拔河时会在长四五十丈的绳子上分出不少的小绳头，每一头少说会分出数百个绳头，参与者将绳头挂在胸前，而绳子的正中央则要竖一面旗子。随着鼓声一响，拔河比赛正式开始，围观者都会大声呼喊，场面非常热闹。

据说，唐玄宗尤其喜爱拔河这一比赛项目，还曾组织过千人拔河的活动。张说为此写下了《奉和圣制观拔河俗戏应制》："今岁好拖钩，横街敞御楼。长绳系日住，贯索挽河流。斗力频催鼓，争都更上筹。春来百种戏，天意在宜秋。"

既说了拔河，就不得不提蹴鞠。

与拔河一样，唐朝人清明也好蹴鞠，并且在民间十分流行。这一习俗在宋朝得以延续。

最早，鞠多以皮革制成，且是实心。到唐朝时，随着工艺的发展，鞠开始以充气球的形式出现。

《东京梦华录》中曾记载，北宋时期，清明时节，汴京城的人必会出城踏青，"举目则秋千巧笑，触处则蹴鞠疏狂"。

曲水流觞、郊外踏青、赏梨花、放风筝……古人的这些习俗实际上指出了一点：在古代，清明基本上可以称得上是个户外的节日。

清院本·十二月令图·三月

清明祭扫，应有哀思。祖宗虽远，祭祀不可不诚，这是慎终追远的表现。但古人一早就明白了一个道理：春日里，满城飞花，阳光正好，春光怎可辜负？

庭院深深，困不住女子成为自己的心。

叁

清明原是女人节

唐朝时，博陵有位叫崔护的才子应举进士及第。只有一点不好，他生性孤傲，素来不爱与俗人结交。

这年清明，崔护一人去都城南门游玩。游玩许久后，他有些口渴，刚好遇到一处占地约莫一亩的房屋，周围花草树木环绕，周遭寂静得能听到花落下的声音。于是他便走上前去，两指在门环上轻轻一叩。不多时，一名女子轻轻将门打开一道缝隙，问道："谁呀？"

崔护自报家门，回道："我叫崔护，一人出来踏青，刚才喝了些酒，眼下有些口渴了，不知能否求碗水来止渴。"

女子听后，将门阖上，回到家中倒了杯水端出来，再次打开大门，将茶水递给了他。随后，两人坐在庭院的一棵桃树下闲聊起来。

崔护这才将女子的样貌尽收眼底。女子名唤绛娘，生得娇俏，妩媚如桃树上开得正盛的花儿。一种情愫在崔护心底涌动，而女子却并未对他的言语做出回应。崔护只能怅然而归。

崔护明白，他与她本就是红尘一遇，并无深缘。他下定决心，要将这段故事放下。但世上所有的邂逅，似乎总要有一个结局。

隔年，又到清明时节，树上的桃花又开了，轻飘飘落下。那个隐于崔护心上一角的脸孔，忽然又复现了。相思催人老，崔护直奔城南，决意去找绛娘。

只是，他再次出现在房门前时，大门已落了锁。

崔护内心的情景与这春日并不相同，是黯然的，是神伤的。于是，他提笔在大门上题了一首诗："去年今日此门中，人面桃花相映红。人面不知何处去，桃花依旧笑春风。"随后，崔护便折返回家了。

数日之后，崔护又去往城南，企图再去看看那门锁是否打开，却听到院中传来一老者哭泣的声音。

崔护又敲开了门，出来一位年迈的老人，见他便问："你可是崔护？"

崔护不明所以，却也回道："是我。"

只听那老人哭道："你杀了我的女儿！"

崔护内心惶恐，一时之间竟失了声。

老人又说："我只绛娘一个女儿，风华正茂，尚在闺阁，还未嫁人。去年清明之后，她经常神情恍惚。那日，我陪她外出，回来的时候她看到左边的门上题了一首诗，读罢之后便病了。也不知怎的，她绝食数日，如今已经死了。这不都是拜你所赐吗？"

崔护听后伤心不已，请求老人让他见绛娘最后一面。

这是他第一次进入正厅，去年她面若桃花，今日却已然西去。

崔护将她的头放在自己的腿上，哭着说道："我在这里。"

让人意外的是，不多时，女子竟然醒了过来。半日过后，女子竟然如往常一样可以坐立行走了。

老人原本就希望女儿能够嫁一良人，于是便将女儿嫁给了崔护，自此成就了一段佳话。后人将崔护与绛娘的这段故事称为桃花缘。

崔护与绛娘的故事，虽是一段发生在清明节的爱情故事，却也照见了古代清明踏青的节俗和古代严苛的男女礼仪制度。

自古以来，女子多居于家中学女红，习女德。庭院深深深几许，想必旧时的女子最能知晓。直至唐朝时，随着一些条款的颁布，整日待在家中的女子才可以名正言顺地外出，释放自己的天性。

清明节时，民间百姓的娱乐活动种类繁多，放风筝、斗百草，女子则爱荡秋千。后来，清明节更是被定为"秋千节"。

明朝刘若愚的《酌中志·饮食好尚纪略》中有载："三月初四日，宫眷内臣换穿罗衣。清明则秋千节也，带杨枝于鬓。坤宁宫后及各宫，皆安秋千一架。"

这是说，清明节这一日是女子专属的秋千节。宫内的女眷们皆会换上罗衣，在鬓边别上杨树枝，然后去荡秋千。

清代画家陈枚所绘的《月曼清游图》也印证了这一点。

从韩翃的诗句"两重门里玉堂前，寒食花枝月午天。想得那人垂手立，娇羞不肯上秋千"中，更是可以窥见女子的娇羞，以及朦胧的情感。

清・陈枚・月曼清游图・杨柳荡千

唐宋时期，秋千在寻常百姓家也广为流行，诗词之中多有描写。如李清照写有“蹴罢秋千，起来慵整纤纤手。露浓花瘦，薄汗轻衣透”，欧阳修写有“泪眼问花花不语，乱红飞过秋千去”，辛弃疾写有“莺未老。花谢东风扫。秋千人倦彩绳闲，又被清明过了”。

到宋朝，秋千甚至被玩出了花样，出现了“水秋千”。

通俗点儿来说，“水秋千”是指将秋千作为跳水的器械，从而进行跳水运动——

将木制的秋千架子固定在船上，一旁有乐师奏乐，表演者在丝竹声中奋力荡起秋千，待达到一定的高度之后，腾空翻腾入水，具备极高的观赏价值。

自然，秋千并非只有清明时节才可玩。这一活动与习俗深受当时的女子钟爱，秋千甚至成为古代女子的代名词。

至于为何说清明原是女人节，话题依然绕不开宋朝。

在宋朝，女子年满十五这年会行及笄礼，而及笄之礼便是在上巳节这日进行的。所谓的及笄之礼，指女孩的成人礼，为古代嘉礼的一种，俗称“上头礼”。

及笄之礼是如何进行的呢？主要是在女子的发间加“笄”。“笄”就是簪子。

宋朝时，女子未满十五岁无须用笄。年至十五，发间加笄，意味着女子成年，可以嫁人了。笄多佩戴于头顶正中央，样式繁多，或镶嵌宝石珠子，或以珍珠点缀，材质多为金属，也有以骨或玉石制成的。佩戴方式也十分讲究，通常先以银丝进行编发，将发辫固定于头顶后，则可佩戴笄。

无数的史料记载、无数的古典文学作品，皆可照见女子的清明节情结。所幸，历史的推动使得精华留下，糟粕皆去，女性不再只属于那方小小的庭院，不再只学女红、习女德，不再受规制所束缚，而是均可以成为自己想成为的人。

肆

吃吃冷食，斗斗茶

唐朝有位诗人名叫韩翃，字君平，是河南南阳人。

韩翃年少有为，颇有才华，擅诗词歌赋，因此小有名气。天宝十三年（754年），韩翃高中进士。宝应年间，他跟着侯希逸去镇守淄青，于侯府之中任事。后来他不知犯了何事，被罢了官。

面对如此遭遇，韩翃也不多去争取，索性回了长安，赋闲在家。这一待就是整整十年。

后来，李勉去镇守夷门时将他叫去，让他当了幕僚。

这时已是唐德宗建中初年，而韩翃早已不再年轻，已经人至晚年，与他一起任职的都是些年轻人。

那些年轻人对韩翃不了解，只觉得他是个上了年纪的老人，更看不上他写的那些诗词。为此，韩翃颇有些不如意，便一直称病，又缩回了自己的安乐窝，偷得浮生半日闲，提笔随处作文章。

有一人例外，人称韦巡官。这人职位不高，却十分喜欢韩翃，尤其喜欢他写的诗。闲来无事，他就会去韩翃家中小坐。

有天深夜，韩翃已经躺下了，忽然听见门外传来一阵急促的敲门声。

韩翃只得起身，套上一件衣衫，将门打开。门外站的是韦巡官，见到韩翃，他便俯身拜贺："恭喜你呀！你升任驾部郎中了！皇上让你主持制诰。"

韩翃一下子来了精神，吃惊地回道："不可能，一定是搞错了！"

韦巡官拉着韩翃进了房内，坐下后才不急不缓地说道："皇上的文告、命令，缺少起草的人，这你是知道的。中书省两次提名，但皇上都没批。又请示时，皇上这才下了批示：用韩翃。"

有意思的是，当时朝中还有一位名叫韩翃的官员，时任江淮刺史。

中书省拿不准到底是哪个韩翃，于是就又上报皇帝，问："哪个韩翃？"

皇帝批示："春城无处不飞花，寒食东风御柳斜。日暮汉宫传蜡烛，轻烟散入五侯家。就是写这首诗的韩翃。"

韦巡官说："这可不就是你在寒食那日所作的诗吗？"

韩翃这才知道此话不假。

第二天，天一亮，李勉和其他同僚都纷纷前来祝贺。韩翃因为寒食节所作的一首诗，终于得到唐德宗的赏识，成了中书舍人。

《寒食》一诗尽显韩翃轻巧的笔法，以别致的手法写出了清明时节满城飞花的情景，而"日暮汉宫传蜡烛，轻烟散入五侯家"一句则侧面反映了清明节百姓禁火、吃冷食的习俗。

唐宋时期，上巳、寒食与清明三节并过，于是清明节也就出现了吃寒食的习俗。

所谓寒食，其实并非我们当下的凉菜，而是在过节前一日做好的饭食。唐宋时期，清明节较为常见的三种吃食是子推燕、冻姜豉和杨花粥。

《东京梦华录》有载："寻常京师以冬至后一百五日为大寒食，前一日谓之'炊熟'，用面造枣餬（hú）飞燕，柳条串之，插于门楣，谓之'子推燕'。"

这是说宋朝时，清明时节，人们为了纪念介子推，会用面粉和红枣制作飞燕形状的面食，再以柳条将其穿在一起，挂于门上方。

在开封市肆名馔和寒食节的传统食品中，不得不提冻姜豉。

这道菜的做法有些类似于我们现在所食用的猪皮冻。人们将猪肘丢入锅中，待到猪肘肉烂汤浓，汤汁凝结成冻，即算完成，再以姜汁进行调味。因其状似豆豉而得了冻姜豉这样一个名字。

到了唐朝，洛阳的富贵人家则开始流行喝杨花粥。《云仙杂记》引《金门岁节》说："寒食，装万花舆，煮杨花粥。"这是说，寒食的前一日，人们会用新鲜的杨花花瓣煮粥，熬成一碗杨花粥。

除了杨花粥，人们此时也会喝桃花粥或梅花粥。

唐朝也好，宋朝也罢，清明时节，所有的寒食之中，最有名的还数青团。

青团原本是寒食节用于祭祀祖先的食物。

《岁时广记》中曾有提及，两浙因养蚕禁火之缘故，以青团红藕作为冷食，属寒食节遗风。

明朝郎瑛的《七修类稿》曾载："古人寒食采桐杨叶，染饭青色以祭，资阳气也，今变而为青白团子，乃此义耳。”

时至清明，艾草长得正盛，且有独特的辛香。人们采摘新鲜的艾草，舂捣成汁，混在糯米粉内，以手揉搓成团状，入笼蒸熟可食。

自然，这青团中的“青”并不是特指艾草，冬小麦新抽的嫩芽、鼠曲草、蔬菜、黄花艾等，也都可以用来制作青团。

清明吃寒食，但并未规定不得吃茶。

宋朝时，茶道盛行。上至皇帝，下到士大夫，再到百姓，可以说，无一不好茶。

宋徽宗的《大观茶论》、蔡襄所撰的《茶录》，均可以窥见文人雅士斗茶的生活情趣。在宋朝，斗茶之习俗蔚然成风。

清明节斗茶，再合适不过了。清明时节，新茶初出嘛！

何为斗茶？

这斗茶，比试的其实是一个人点茶的技术和姿态。

通常，斗茶多会在有规模的茶叶店进行，“前后二进，前厅阔大，为店面，后庭狭小，兼有厨房，便于煮茶”。

古代的茶叶制完之后，多会以茶饼的形式出现。人们饮茶时须将其碾成粉末，而饮用时多会连茶带粉一起饮下。

点茶有法，将茶叶末置于茶碗底部，注少量沸水，先调成糊状，再断续注入沸水，或直接冲入沸水，同时用茶筅搅动，直至茶末上浮，形成粥面。

如何决定斗茶的胜败？

决定胜败的，有两点：一看汤色，二看汤花。

所谓汤色，也就是茶水的颜色。标准的颜色以纯白为上，青白、

清·佚名·柳荫斗茶图

灰白、黄白则为等而下之。茶色越是纯白，表明茶质越鲜，蒸茶时的火候刚刚好。若色泽发青，则意味着火候不足；若茶色发灰，说明火候太过；而茶色若泛黄，定是茶叶采摘不够及时；当茶色泛红时，则是炒焙的火候过头了。

再说汤花。

所谓茶的汤花，便是指茶汤上泛起的泡沫。

如何确定汤花的好坏呢？也有两个标准。

首先，要看色泽。汤花的色泽往往与汤色密不可分，因此，汤花的色泽与汤色的标准一样。其次，汤花泛起后，看水痕出现的早晚，先出水痕者为输家，最后出水痕的为胜者。

斗茶的人若将茶末研碾得足够细腻，点汤、击拂到位，茶汤的汤花总会格外匀细，形成粥面，紧咬杯盏一沿，久聚不散。此为最好效果，宋人将它称为“咬盏”。

自然，斗茶的人，最后还要进行品评。

一盏茶汤，需要做到色香味俱全才是最后赢家。斗茶往往不以一盏定输赢，而是三局两胜。

因宋朝人爱斗茶，还出现了一种名为分茶的泡茶游戏，也被称

南宋·刘松年·撵茶图

为茶百戏。电视剧《梦华录》中，赵盼儿就曾与茶庄的老板切磋，呈现这一技法。

分茶，始于唐朝，盛于宋，是古代的一种雅趣。尤其是到了宋朝初期，宫廷之上，百姓之中，皆有会这一技法的。

分茶之人会将茶末置入茶盏中，注入沸水，以茶筅击拂茶汤，让茶乳变换出图案或字符。其中，常见的图案多为山水云雾，或是花鸟鱼虫，也有水墨图。不过，这就十分考验一个人的技法了。

如今，斗茶、分茶这样的技艺已经十分少见了。时至清明，我们也不再沿袭吃冷食的习俗，但同样可煮一壶沸水，取一小撮茶叶冲泡，看它浮沉于杯盏之中。沉下去的，是过往；浮于其上的，则是对未来的憧憬。

伍

假日背后，藏了多少人文精神？

清明节：唐朝人的黄金周

唐玄宗李隆基曾经写过一首诗，名叫《初入秦川路逢寒食》。

洛阳芳树映天津，灞岸垂杨窣地新。
直为经过行处乐，不知虚度两京春。
去年余闰今春早，曙色和风著花草。
可怜寒食与清明，光辉并在长安道。
自从关路入秦川，争道何人不戏鞭。
公子途中妨蹴鞠，佳人马上废秋千。
渭水长桥今欲渡，葱葱渐见新丰树。
远看骊岫入云霄，预想汤池起烟雾。
烟雾氛氲水殿开，暂拂香轮归去来。

今岁清明行已晚，明年寒食更相陪。

大意是，我今年这清明节过得可是一点儿也不开心。你看，蹴鞠，我没能参与；美人荡秋千，我也没看到；长安的春光，我更是半点儿没有欣赏到；更甚至，就连去华清池洗澡，我都没能去成！

隋唐以前，人们多重视寒食，而轻过清明。

古时候没有周末一词，却也有休息日，且出现得极早。秦汉时期，休假制度便已然存在。不过，在当时，休假被称为“休沐”。古时官吏每五日休沐一次。

为什么会称为休沐呢？

“沐”之一字，便是最好的解释了。

凡是有职位的公职人员，也就是所谓的内臣，可以在这一天回家洗澡，处理自己的个人卫生问题。

至隋唐时期，休沐制度有所变化，由原来的五日一休变成了旬休。

什么意思呢？就是指工作九天就能休息一天，休息日分别是每月的十日、二十日、三十日，一个月共给假三天。除了值班的人，其他的大小官员皆可回家洗澡。

《大唐六典·尚书吏部》明确规定，凡唐朝内外官员，皆有假宁之节：元正、冬至、寒食、清明、端午、七夕、中秋……就是说，一年中的任一节日都给假，除此之外，还有丧假、婚假、探亲假，等等。

唐朝人有多爱放假呢？

当时，全年的节假日，加上每个月可以休三天，每年可休的假期将近百天。也就是说，在唐朝，凡是有个一官半职的人，一年之中有三分之一的时间不需要上班。

唐朝时，清明节与寒食节往往是连在一起放假的，会给假四天。

其中也曾发生过一些变化。

唐肃宗登基之后，仔细一想，这小长假也不算长啊，不过四天而已嘛！于是，他便又做主延长了清明节的假期时长。

怎么个延长法呢？

唐肃宗直接把清明节假期由四日延长至七日，于是便出现了清明节放七天假的盛况，形成黄金周。

唐玄宗的吐槽，唐肃宗可是一点儿也没感觉到。

他把清明假期变成七天，让无数人受了益。祭拜先祖、外出春游、赏梨花、蹴鞠、看美人秋千戏，他自己那是一样也没耽误。也难怪杜甫能写出“著处繁花（一作华矜）务是（一作足）日，长沙千人万人出”这样的诗句来。

不过，唐代宗继位之后又做了小改动，把清明假期改成了五天。随后，他的儿子唐德宗继位后，又恢复了清明给假七日的制度，黄金周这才得以重现。

宋朝沿袭唐朝的节假日制度，清明节一样给假七日，并将先秦时期上巳节的一些活动融入其中。

因此，清明节对于宋朝人来说是非常重要的，扫墓风俗更浓，比在唐朝更受看重。

民国时期，人们过清明时有一习俗，即会相约打麻将、纸牌。后来，这一习俗被慢慢废弃。

其实，真说起来，这一习俗怕是受了宋朝人的影响。

南宋・刘松年・博古图

清明原本是庄重、肃穆的日子，人们会在这日拜祭先祖、扫墓。虽然这时也有娱乐活动，但多半较文雅。不过，宋朝人也有活跃过头的时候。

宋朝时，有在朝为官者因离家太远，逢清明长假也不能回到故乡祭拜祖先和扫墓，于是便会利用这一时间找来同乡的、同科的，一起把酒言欢，甚至相约赌博。

吴曾的《能改斋漫录・记事》中有这样一个故事。

有一年，到了寒食节，任“正字”一职的福建浦城人章得象，因离家太远无法回去祭祖，便约一代名相丁谓一起赌博。这丁谓是江苏人，因路途遥远也没回家，便应允了。次日，丁谓带着钱就来赴约了。没想到，他手气太差，钱全输给章得象了。于是，两人便约定了来年再赌。时间如流水，又到了寒食节，这次章得象运气不好，一直在输。章得象最后拿不出钱来，只能用自己收藏的古董抵债。

直至明清两朝，清明节才退出国家法定节假日的序列。不过，虽不再是法定节假日，但人们依然会在清明这日外出扫墓，顺带春游。

此时，一切生气旺盛，大地呈春和景明之象，这样做一为缅怀祖先，二为时刻谨记慎终追远之人文精神。

中国节日奇妙游
×
唐宫夜宴
TANG GONG
YE YAN

端午

旧俗方储药，
羸躯亦点丹。
日斜吾事毕，
一笑向杯盘。

离家三十五端阳。
儿童见说深惊讶，
却问何方是故乡。

乙卯重五诗

宋·陆游

重五山村好，
榴花忽已繁。
粽包分两髻，

端午词·内廷

宋·晏殊

一一雕盘分楚粽，
重重团扇画秦娥。
宫闱百福逢嘉序，
万户千门喜气多。

同州端午

唐·殷尧藩

鹤发垂肩尺许长，

石绿
中国传统色

端午

中国节日

以生求始，

以光荣的死终为一生所期。

壹

不管为谁，五花丝粽

明明是五月初五，为什么会被称为端午？

端午一词，最早出现在魏晋时期。

晋人周处曾写过一本《风土记》，里头有“仲夏端午”一说。

“端”之一字，本义为“正”，而午的本义为“中”。所谓端午，意指“中正”。

古人计算时间依照的是天干地支。

依此来算的话，农历五月初五这一天午时为正中，这一时刻，七月流火中的大火星正好处在正南中天。这是一年之中周天运行最为中正的方位，既有“得中”之意味，也有“得正”的意思。

这意味着什么呢？这是大吉大利的好兆头。

明·刘广·画端阳景

一直以来，关于端午节的由来，说法不一。

有一说认为，端午节是为了纪念伍子胥；也有一说认为，它是为了纪念曹娥。但在诸多民俗故事中，人们最耳熟能详且流传最广的说法是，端午是为了纪念屈原的。

南朝吴均曾创作过一本志怪小说集，名叫《续齐谐记》。

书中共收录了十七则神异怪闻，其中有一部分，吴均专门用来记述民间传统节日传说的由来和演变过程。

其中就有一则与端午节有关，名曰《五花丝粽》。

端午是为纪念屈原一说，在司马迁所著的《史记·屈原贾生列传》中同样有载。与南朝吴均所创作的版本相比，司马迁的记述少了一些神异怪闻的意味。

故事发生在春秋时期。

作为楚怀王的要臣，一直以来，屈原都在倡导举贤授能，富国强兵，并且始终力主联齐抗秦。然而，屈原的这些作为却遭到了以贵族子兰为代表的一些人的反对。

依道理来说，屈原与楚王还算本家，芈是他的本姓。屈原之举，绝无恶意，而是善举。但楚王偏偏听信子兰一干人等的谗言，不但免去了屈原的职位，还将他赶出了都城，流放至沅、湘流域。

在流放过程中，屈原想起从前种种，心中感慨万千。

世间混乱污浊，有人嫉贤妒能，致使美德被障蔽，恶反而被称为正道。

于是，他提笔先后写下了《离骚》《天问》《九歌》等忧国忧民的诗篇。那时的屈原并不知晓，这些诗篇将会成为流传千古的经典。

然而，屈原的想与不想，都并不会影响历史往前行进的车轮。

公元前 278 年，屈原此前的担忧还是成真了，秦军攻破了楚国都城。

此事发生之后，屈原内心悲愤不已。虽说他曾说过“故土不留我，我便去别处”，但当真的看到自己的祖国被秦军侵略，他还是心如刀绞。

这年五月初五，屈原写下绝命辞《怀沙》，随后便抱起一块石头跳进汨罗江，结束了自己的一生。

相传，屈原死后，举国百姓哀痛万分，纷纷前去凭吊。

一些以捕鱼为生的渔夫甚至自发地划起船，泛舟河上，希望能在奔流的江水中打捞到他的尸身，却遍寻无果。

其中，有一位渔夫拿出为屈原准备的饭团、鸡蛋等食物，投入江中。

有人见状十分不解，问那位渔夫此举何意。那渔夫回道：“饭团也好，鸡蛋也罢，投入江中，鱼龙虾蟹皆可以此果腹，那么它们便不会去咬食屈大夫的身体了。”

众人听完，纷纷开始效仿此举。

人群之中还有一位老医师。他将自己调好的雄黄酒倒入江水里，说这样做能够将蛟龙水兽迷晕，它们自然也就不会去伤害屈原了。

自此，每年五月初五，掷饭团、倒雄黄酒入江，成了人们纪念屈原的一种方式。

至于为何后来饭团会演变成粽子，民间传说是这样的——

有一晚，一人梦见了屈原。那人见屈原面黄肌瘦，便询问他原因。这才知道，百姓们虽把饭团扔到了江里，但都被鱼龙虾蟹给吃了。

那人问屈原：这要如何解决呢？

屈原回道："倒也不难，以楝树叶包饭，外缠五彩丝线，制成尖角的角黍即可。鱼龙虾蟹无脑，肯定会以为那是菱角，便不会跟我抢着吃了。"

至此，梦便结束了。那人醒来后，将这一消息告诉了街坊四邻，于是后人便按照这个方法制作粽子，以此纪念屈原。包粽子就此成为遗风。

这是民间流传较广的关于端午节由来的故事。

不过，对此，闻一多却持怀疑态度。在他看来，这"恐怕是帮同古人撒谎"。

1943 年端午节时，孩子问闻一多粽子的起源，闻一多便讲了《五花丝粽》的故事。然而，故事讲完后，闻一多自己却陷入了深思。他在想：端午真正的起源到底是什么？

在翻阅了《国策》《风俗通》《荆楚岁时记》《说苑·奉使篇》等诸多古籍后，闻一多写下了民俗研究论文《端午考》，以及《端午节的历史教育》。

闻一多通过古籍、古文，大胆地做了一个推断：端午的起源其实要早于屈原，它原是吴越民族举行龙图腾祭祀的节日。而且，端午投粽于水中，“常所遗苦为蛟龙所窃”，以及赛龙舟，都与龙有关。因此，也可以将其称为龙的节日。而端午投粽子到水中，本就是给蛟龙享用的。

在闻一多看来，“恐怕整个端午节中心的意义，就该向龙的故事去探寻”。

那么，吴越与龙究竟是否有关，又到底存在着怎样的联系呢？

《说苑·奉使篇》中，越国使者有语：“处海垂之际……而蛟龙又与我争焉，是以剪发文身。烂然成章，以像龙子者，将避水神也。”

这里所说的水神，指的就是蛟龙。

吴越人有一习俗——断发文身。

之所以这么做，是因为吴越人认为自己是蛟龙的儿子。虽说蛟龙是害人的，但虎毒不食子，蛟龙自然也不会伤害自己的龙子。

于是，吴越人为了心安，就想到了一个方法：他们剪短头发，在身上刺上花纹，让自己看上去像是真的“龙子”。

在《风俗通》与《荆楚岁时记》中，端午节这日，古人有以彩丝系臂的行为，这彩丝被称为“长命缕”。在闻一多的推论下，此举应是吴越人文身的变相。在后来的演变中，逐渐成了五彩丝线。

有了以上的佐证，闻一多曾打趣说，端午节干脆叫“龙子节”得了。

闻一多的这一说法，在学术界也颇受赞同。

至于端午究竟因谁而来、由何而起，其实并不重要。

重要的是，先人有着无上的智慧，赋予了节日那个时代所需的意义。又或许，所谓的端午，从来都是以生求始，以光荣的死终为一生所期。不管为谁，每年此日，皆有五花丝粽。

元·佚名·天中佳景

贰

《洛神水赋》背后

愁荡碧波，金光粼粼。

湖底湛蓝，光束透水而下，照映在女子的面孔上，女子双眸紧闭。乐音起，女子睫毛微颤，原本如水沉睡的她缓缓从千年的梦中醒来，慵懒地伸展曼妙的腰肢。随后，女子跟随乐音轻甩衣袂，五彩丝带飘飘，女子翩然起舞的形象，远而望之，灼若芙蕖出绿波。

这是2021年《端午奇妙游》中《洛神水赋》所塑造的洛神形象。

从拂袖起舞到拨裙回转，舞者动作刚劲有力，同时也有娉婷袅娜之姿态，完美再现了曹植的名篇《洛神赋》中洛神的形象。

在现存的历史资料中，最早提到洛神的是屈原。

屈原被楚怀王流放时，于途中写下了千古名篇《离骚》《天问》。

河南广播电视台·洛神水赋

《离骚》有载："吾令丰隆乘云兮，求宓妃之所在。"

这是说：我命令云师把云车驾起来，我要去寻找宓妃住在哪里。

《天问》中则是如此写的："帝降夷羿，革孽夏民。胡射夫河伯，而妻彼雒（洛）嫔？"

这里是说：天帝派遣神仙后羿降临人间，为的是能帮助下界的百姓解除灾祸与忧患。但是，他为何要去射伤河伯，并且霸占河伯的妻子洛嫔呢？

宓妃与洛嫔，称呼不一，却都是在说洛神。

洛神是谁？《辞海》中引李善的说法，认为她是宓（伏）羲的女儿，名叫宓妃。

在先秦神话中，宓妃生得貌美，是掌管洛河的地方水神。有一日，宓妃在洛水游玩，无意间被河伯撞见了。只此一眼，河伯便被宓妃的美貌深深吸引了。

当下社会，一见钟情仍在发生。在万千人之中遇见一眼心动的人，只需去追求就可以了。在先秦也一样，要不《关雎》中怎么会有“窈窕淑女，寤寐求之”？但河伯想省略过程，直接要一个结果，于是就上演了一出强取豪夺的戏码。

那河伯是怎么做的呢？河伯使了一个计策，害宓妃溺于洛水，然后强行将她娶了。

夏朝时，有穷国（今山东曲阜一带）的君王后羿十分仰慕宓妃。这件事被河伯知道了，爱意可随风起，妒亦可因爱而生。于是，河伯就发难于洛水，一时之间，水患四起，为害一方。

后羿贵为君王，面对这样的情况，自然是不会无动于衷的。有穷国以善于骑射著称，事端是河伯挑起的，那就应战即可。后羿愤怒地射伤了河伯，并且娶了宓妃。

为此，河伯极为恼怒，于是便上了天庭，向天帝告状，声称自己的妻子被后羿夺去了。但让河伯意外的是，天帝听后不但没有帮他，反而奚落了他，并最终成全了后羿和宓妃。

在先秦神话中，洛神是作为爱情的化身出现的。

历史上关于洛神的神话故事有很多，为她着墨添彩的文人墨客也并不少见。

东汉时期，王逸说她是西方昆仑山的女神。

这一点，想必汉赋四大家之一的扬雄也是赞同的。他曾在《甘泉赋》中描述洛神掌管昆仑山，与西王母一同出现。

汉代以后，洛神出现的频次渐增。

司马相如在《上林赋》中说，洛神是汉武帝所建造的上林苑中

的美女，一心一意侍奉天子。这与屈原所写就的洛神的形象，是完全不同的。

不过，与洛神相关的辞赋虽多，最为著名的一直是三国时期曹植所写的《洛神赋》。

那一年，曹植三十一岁，他从京师洛阳返回自己的封地洛水（今洛河），在途中小憩的时候，写下了著名的《洛神赋》。

在曹植的笔下，洛神的美貌举世无双，是可与天人媲美的："其形也，翩若惊鸿，婉若游龙。荣曜秋菊，华茂春松。髣髴兮若轻云之蔽月，飘飖兮若流风之回雪。远而望之，皎若太阳升朝霞；迫而察之，灼若芙蕖出渌波。"

也难怪丁晏读罢，直言曹植为"古今诗人之冠，灵均以后，一人而已"。

丁晏所言非虚，《洛神赋》虽然不足千字，却极富魅力，令人心驰神往。

晋代有位名叫顾恺之的画家，就是《洛神赋》的头号粉丝。

据说，顾恺之读罢《洛神赋》，实在是太喜欢曹植在文中所讲述的故事了。为了这份喜欢，他专门画了一幅长约六米的画卷，用丹青笔墨将曹植与神女的相遇和别离呈于纸上，画中饱含诗意之美，也可看到古质、朴拙之趣。这幅画的名字便叫《洛神赋图》，被誉为"中国绘画始祖"。

洛神赋图

可惜的是，顾恺之的原作失传，如今只剩下摹本。

南宋和元、明时期，以《洛神赋》为蓝本创作的戏曲也颇多。其中最具代表性的，便是汪道昆的《陈思王悲生洛水》。

不过，在一些学者看来，曹植此篇的内在主旨，并非议论爱情，而是借此表达自己的悲惨境遇。

到了今日，《洛神水赋》则又赋予了它更为灵动的美。

《洛神水赋》这一节目实则另藏玄机，其中蕴藏着与端午有关的文化。

这一玄机便藏在扮演洛神的舞者身上所着的服装中。

河南广播电视台·洛神水赋

在唐宋文化中，端午节人们除了吃粽子、划龙舟，还会在胳膊上以五彩线缠合欢锁，腰间则往往会缠上道理袋。不过，缠道理袋的，往往是儿童。儿童腰间佩荷包，荷包之内会填入稻子和李子，取谐音“道理”，其寓意是希望这一年平平顺顺。

这点巧思，你是否发现了呢？

叁

水煮粽叶，寓意希望；
米粒簇拥，亲情不可分。

粽子里的饮食文化

作为唐宋八大家之一的苏轼，在文坛的造诣自然是无须多说的。他一生所写的诗词达两千七百多首。

若是要在这八大家里头挑一个最会吃的，肯定也非苏轼莫属。

苏轼好吃，名副其实。

天下珍馐美味，他皆是要尝的。

仅仅品尝就够了吗？不行，他还要吃出一些新的花样来。

与苏轼相关、被人谈论最多的美食，怕就是东坡肉了。

1079 年，苏轼被贬黄州。说是被贬，实际上是监管幽居，皇帝并未给他具体的职务。这些也就罢了，关键是，上头下了命令，不准苏轼出黄州。

苏轼闲来无事常一个人去寺庙里，每天同僧人一起吃素餐，剩余的大把时间就焚香静坐，自省其身。

他或许是有烦恼的，但还好，太守给了他十亩荒地。于是，苏轼又有活儿干了。他戴着斗笠，开始做农活儿。因为荒地位于东坡一带，于是他便自称东坡居士。

黄州很好，黄州人也很好，但只一点不好：“黄州好猪肉，价贱如泥土。贵者不肯吃，贫者不解煮。”

于是，苏轼就想了一个法子。

什么法子呢？

苏轼在《猪肉颂》里写道：“净洗铛，少著水，柴头罨烟焰不起。待他自熟莫催他，火候足时他自美。”

苏轼的这一吃法，很快就流传至黄州城各处。当地有百姓效仿他的做法，吃了以后觉得味道极美，东坡肉就这样诞生了。

这个故事很多人都听过，那就再说个少有人听闻的。

元祐三年（1088 年），时值端午。

每年此时，家家都会包粽子吃，最常见的多以糯米为馅，煮熟之后蘸着白糖吃。想来，苏东坡这样好美食的人，肯定已吃腻了。

他想起了《玉台新咏》中所收录的《共内人夜坐守岁》中有这么一句：“酒中挑喜（一作喜挑）子，粽里觅杨梅。”

于是，苏轼就借着这一典故，在端午这天写下了《端午帖子词：皇太后阁》，其中有诗句：“不独盘中见卢橘，时于粽里得杨梅。”

这一吃法，可以说是苏轼的又一创新。

其实，粽子出现得极早。

周处《风土记》中有载：“仲夏端午，方伯协极，烹鹜，享用角黍，龟鳞顺德。”其中“角黍”指的就是粽子。“粽”这个字，最早被写作“糉”。《说文新附》里有讲：“糉，芦叶裹米也。”

春秋战国时期，粽子就出现了。当时，人们以菰叶包黍米，多呈牛角状，是我们现在所食用的粽子的雏形。

至东汉时期，碱水粽的雏形出现。人们改良了粽子的做法，在包粽子前，会提前用草木灰泡水，再用灰水浸泡黍米，最后再以菰叶包裹制作。

不过，就算是在古代，粽子的馅料也并不单一。

晋代时，每逢端午节，百姓家中有小儿的，会往粽子里添加名

清·徐扬·端阳故事图·裹角黍

为“益智”的中药。

益智是生长于广州地区的一种形似枣子的果实，常被作为药材使用，有根治小儿尿床的功效。在晋代，人们会将益智仁包入粽中，给小儿食用。

不过，关于百姓此举，还有另外一种说法，那就是益智这一名字有着好寓意，民间百姓深信，吃益智粽能够让家里的孩子变得更加聪明。

唐朝时，到了端午，人们一样吃粽子。不过，与先人相比，在选米上，唐朝人更为讲究，多推崇包粽之米应莹白如玉。粽子的形状也变得多样，开始出现锥形和菱形的。

历史上真正有甜粽，则是从宋朝开始的。

宋朝人吃粽子，可谓吃出了花样。

宋朝人不仅讲究选米，在馅料上也有讲究，相继出现了含有果脯、蜜饯等馅料的粽子。

《岁时杂记》中也曾有载：“或加之以枣，或以糖，近年又加松、栗、胡桃、姜、桂、麝香之类。”

再就是，宋朝人同样不满足于只做角状的粽子，于是便出现了锥粽、茭粽、九子粽等新式包法。

其中，九子粽颇有意思，是指将九只小粽串在一起，故称九子粽。

不过，九子粽一般多用于馈赠亲友，多为母亲送给出嫁的女儿、婆婆赠给新婚儿媳的礼物。这是因为“粽子”的谐音为“中子”，民间有俗语“吃粽子可得子”。

此外，还有一种以艾叶浸米裹之的艾叶粽。

而在吃法上，宋朝人也有讲究。

翠筒初裹楝，芗黍复缠菰。水殿开冰鉴，琼浆冻玉壶。

此为苏轼所作的《端午帖子词·皇太后阁六首》之三。

所谓翠筒，便是宋朝人口中所称的“筒粽”，其实就是当下市面上可见的竹筒饭。而后一句中的“冰鉴”，是古代盛放冰块的广口容器，多用于冷藏食物。

也就是说，宋朝人过端午节时，可供选择的粽子种类是尤其多的。除此之外，那一方餐桌上还会放着盛放水果的果盘，以及一壶冰镇美酒。

到了明朝，粽子又有所创新。

除却传统的粽子，明朝有一特色粽，名为凉糕粽。《明史·志第二十九礼七（嘉礼一）》中有载：“端午日凉糕粽。”不过，那是皇上的节赐礼物。

我们当下所食用的红枣粽则始于清朝。

清朝时，每逢端午，府第朱门都会馈赠粽子，并会配上当季的樱桃、桑葚、荸荠、桃、杏，以及五毒饼、玫瑰饼等，以此作礼。

如今，我们所食用的粽子以角形为主，其他粽形则极为少见。

不过，可别小瞧了这一只小小的角粽。

端午时节吃粽子，这一口咬下的，是对千年文化的传承。

角形的粽子虽然常见，但它传承着不可移的信念与决心；那经水蒸煮过的粽叶始终翠绿，代表着希望和对生机的向往；而簇拥在一起的米粒，则象征着不可分的亲情。

肆

有些节俗虽已退场，
但人与人的情感仍紧密相连。

愿人生，长醉饱，百年中

乾隆十八年（1753 年），端午节，乾隆帝起了个早。

因为今日过节，他的穿戴与往日略有不同，朝冠上别着艾草尖，腰间则坠着新制成的五毒荷包。

皇后、太后，以及宫内的其他女眷，则都在发间别上了五毒簪、艾草簪，更有用绸布制作而成的老虎簪作为点缀。

不过，这些都还只算闲情逸趣。

这一日，宫内人人乐见的，还数堆粽子山。

根据这年端午节的膳食单，这一日，光乾隆帝的桌子上就足足码了 1276 只粽子，皇后的餐桌上摆了 400 只；至于皇太后、皇太贵妃、阿哥、公主等人，则共计 650 只。

粽子堆于一处，远看宛如一座小山，故得此名。

不过，千万不要以为乾隆帝一人就能吃掉眼前的这些粽子，其中多半是用来赏赐群臣的。

这一日，粽子的种类也尤其多，不仅有红枣粽、果粽、澄沙粽，也有奶子粽等。据记载，仅仅是包粽子用的细麻绳，便用了18斤之多。

除粽子以外，唐朝与北宋时期，人们端午节也会吃水团。

端午作水团，又名白团。或杂五色人兽花果之状，其精者名滴粉团，或加麝香。又有干团，不入水者。

所谓的水团，实际上就是用黏高粱粉或糯米粉制作而成的一种球形食品。

在唐朝，端午时节，宫中还有“射粉团”的游戏。

《开元天宝遗事》载：“宫中每到端午节，造粉团、角黍，贮于金盘中。以小角造弓子，纤妙可爱。架箭射盘中粉团，中者得食，盖粉团滑腻而难射也。都中盛行此戏。”

粉团能娱乐，又委实好吃，如此便可发现，在吃这方面，中国人似乎不曾输过。

除水团、粉团外，端午时节，宋朝人往往还会制作一种名为百草头的吃食。

其制作方法很简单：以菖蒲、生姜、杏、梅、李、紫苏等作为食材，待清洗干净之后，一一置于案上，全部切成丝状；准备妥帖

清・徐扬・端阳故事图・射粉团

之后，均匀地撒上一层薄盐，随后在日光之下暴晒成干。

也有人会投巧，做端午果子，通常会以糖蜜渍之。说是端午果子，实际上有些像我们时下所吃的果脯。

明·项圣谟·折枝菖蒲图

不过，在宋朝的京都汴梁，过端午更流行的还是吃枣糕。

宋朝人是怎么做枣糕的呢？

端午这日，以糯米和枣煮稠粥，等它变得黏稠之后，就成了一道美味好吃的枣糕。

节日之时，仅仅有吃的，自然是不够的，尤其是对于宋朝人来说。

宋朝人过端午节时，桌上除了餐食，还会有冰镇的美酒。那你知道，宋朝人过端午时，最喜欢喝什么酒吗？

唐宋时期，每逢端午，家家户户都常饮菖蒲酒或者艾叶酒。

《千金月令》有载：“端午，以菖蒲，或缕或屑，泛酒。”

宋朝人端午节喝菖蒲酒，那是有讲究的。

《史记·律书》有语：“午者，阴阳交，故曰午。”

古人认为，每年至五月，天气逐渐开始转热，而此时百虫皆从地里爬出，细菌滋生。所以，五月五日在古时候也有“恶月恶日”之说。因此，五月初五也有辟邪驱凶的民俗。

菖蒲性温，味道多呈辛、苦，可解毒，能杀虫，同时有开窍、化痰等诸多功效。

菖蒲作为我国传统的防疫驱邪灵草，同时也有辟秽之功效。这就是宋朝人过端午节喝菖蒲酒的原因。

艾叶酒则是把艾叶浸泡在酒水之中，专门供端午所喝的药酒，有温经活血、散寒止痛的功效。

至今，无论是水团，还是百草头，均已从历史中退场，饮菖蒲酒、艾叶酒的习俗也少有人延续。但值此节日，总是宜欢聚的。

最后借用王旭所写《水调歌头·端午》中的一句词结尾：愿人生，长醉饱，百年中。

伍

龙舟竞渡，但爱簪花

《啸亭杂录·续录》里“端午龙舟”一则说乾隆帝端午节有观看龙舟竞渡的习惯。

某年，又到端午节。

清宫内热闹非凡，吃过粽子之后，乾隆帝前往福海观看赛龙舟表演。

福海位于圆明园东部，是一片大湖，形状方正，水域辽阔，适合赛龙舟。

这一年，共有九艘龙舟参与竞渡。

九艘龙舟造价不菲，均为巨龙船形，而在船头之上，画师特地绘上了水鸟的图案，意味着九龙齐飞。

掌事竞渡的官员已事先用彩色的绳索定下了竞渡的航道。

清院本·十二月令图·五月

龙舟之上，立着的除却掌舵的船员，还有负责表演箫鼓的乐师。随着箫鼓齐齐鸣起，旗子迎风招展，九艘龙舟同时在各自的赛道上飞驰而去。

端午习俗虽多，赛龙舟却是不可不提的。

《荆楚岁时记》中“是日竞渡”的注释说：“五月五日竞渡，俗为屈原投汨罗，人伤其死所，并命舟楫以拯之，至今为俗。”

有史料在，人们理所当然地以为，赛龙舟是为屈原而设。

当真如此吗？

与岁时相关的书籍虽不少，但其他与传统文化相关的古籍亦要作为考究对象。

实际上，赛龙舟这一习俗的出现远早于屈原投汨罗江。

赛龙舟源于长江中下游一带。

吴越时期，古人为能求得真龙庇佑，每年五月初五这日都会举行龙图腾祭祀活动，仪式隆重，富有深意。

除祭祀之外，还要有人负责敲锣打鼓。锣鼓声起，便会有人划着刻有龙形的独木舟，在河流之上展开竞渡。

元・王振鹏・龙舟夺标图

河姆渡遗址与田螺山遗址的史前文化证明，早在五千年前，甚至七千年前，人类社会就已经出现了独木舟和木匠。

龙舟的原型便是雕刻有龙形图案的独木舟，后期才逐渐演变为用木板制作而成的龙形船。

吴越时期，赛龙舟文化已然盛行，且规模宏大。随后，这一习俗开始慢慢渗透，在北方地区亦成为端午节的常见活动。

至唐朝时，赛龙舟成为富有特色的竞赛活动，时人参与竞赛只是为了争夺第一名。

到北宋，京都开封每年都会在金明池举办龙舟争标比赛。不过，不是在端午，而在三月。

整体来说，提起赛龙舟，总少不了盛大、隆重这样的词语，毕竟它是一项有组织的赛事活动。

在民间，除了竞渡龙舟，端午节还有其他习俗，至今仍保留着并得以延续。

譬如，在江西某些地区，如今每年端午时人们都会互相送扇子。

这一习俗源自唐朝。

唐朝时，馈赠友人扇子是常见的端午节习俗。

馈赠的往往是一把小小的扇子，颜色以青、黄、赤、白为主，或绣或画，或缕金，或合色，材质不同，形制亦不同。

别小瞧了这一把小小的扇子，这里头的意味非常丰富。

它既能纳凉，又含有驱邪的祈愿。君子之间互赠折扇，有互相鼓励的意思；而百姓互相馈赠扇子，表达的则是愿获赠者身体康健。

唐朝人的赠扇之举，可谓雅俗共赏。

宋朝沿袭唐朝，赠扇的习俗自然保留了下来。不过，宋朝人过端午还时兴送鼓。与扇子一样，赠的也是小鼓。

相比于赠扇、赠鼓，宋朝人更爱簪花。

宋朝时，每年自五月一日起，街上就会有小贩开始售卖桃、柳、葵花、蒲叶、佛（伏）道艾。

其中，艾草卖得最好，因为端午时挂艾草是最为重要的习俗之一。桃、柳、葵花，是供人簪花所用的，不过通常会配以艾草尖。

此外，人们也会用其他物品作为点缀。

《岁时广记》卷二十一引《岁时杂记》说："端午京都士女簪戴皆剪缯楮之类为艾，或以真艾，其上装以蜈蚣、蚰蜒、蛇蝎、草虫之类，及天师形像。并造石榴、萱草、踯躅假花，或以香药为花。"

清・徐扬・端阳故事图・系彩丝

端午时，民间还流行结百索。

所谓百索，便是现在的五彩绳。它的名字还有许多，如五彩丝、五色锁、续命缕、延年缕，等等。人们在端午这日于腕上系上百索，图的是能够驱邪纳福。

赠扇、簪花、插艾、结百索，这些都是小雅，顷刻即可完成。与它们相比，宋朝人可能更爱浴兰汤。

西汉《大戴礼记·夏小正》中曾说：“（五月五日）蓄兰，为沐浴也。”所以，端午节还有一个雅称——浴兰节。

其中的“兰”指代的是名为佩兰的植物。佩兰全草皆可入药，人们通常会用其煎水，用来沐浴。这便是所谓的浴兰，有驱邪健身的功效。

除了佩兰，有些地区也会加入其他草药，如菖蒲、桃柳心、艾草等，同样具有药效。

端午采药，也是较为古老的习俗之一。

宋朝时，端午时节，外出采药之俗蔚然成风。

在民间，百姓认为，依照天干地支来计算，端午这日阳气是最为旺盛的。此时，长于田野间的中药是药性最强的时候，且恰逢仲夏，遍地皆是草药。于是，五月初五，人们便会纷纷外出，竞采杂药，以治百病。

正所谓“门前艾蒲青翠，天淡纸鸢舞。粽叶香飘十里”。如此仲夏时节，堪称出游好时光。

清・徐扬・端阳故事图・采药草

鹊桥仙

宋·秦观

纤云弄巧，飞星传恨，
银汉迢迢暗度。
金风玉露一相逢，
便胜却人间无数。
柔情似水，佳期如梦，
忍顾鹊桥归路！

两情若是久长时，
又岂在朝朝暮暮。

秋夕

唐·杜牧

银烛秋光冷画屏，
轻罗小扇扑流萤。
天阶夜色凉如水，
卧看*牵牛织女星。

*一作『坐看』。

七夕

唐·权德舆

七夕

今日云骈渡鹊桥，
应非脉脉与迢迢。
家人竟喜开妆镜，
月下穿针拜九霄。

渥赭。
中国传统色

七夕

中国节日奇妙游 / **七夕**

七夕里藏着
中国人的浪漫密码。

壹

七月初七，鹊桥相会

每至七夕，总少不了要提起牛郎与织女的故事。

《荆楚岁时记》为南朝梁代南阳人宗懔所著，书中记载："七月七日，为牵牛织女聚会之夜。"

南阳民歌《农家传统节日歌》中亦有"七月里有个七月七，葡萄架下看织女"之句。

作为我国四大民间爱情传说之一，牛郎与织女的故事坊间版本众多，但内容皆大同小异。

此处所述故事为《中华民俗百科》与民俗专家张振犁先生在《中原古典神话流变论考》中所载。

很久以前，河南南阳城西的桑林村有一个名叫如意的放牛郎。

牛郎父母早亡，与哥嫂一同生活。他虽聪明，人也忠厚，嫂子马氏却为人狠毒，总是差他做许多粗活儿。

有年秋天，马氏给了牛郎九头牛，让他去放牛。牛郎去放牛之前，马氏却说："要等到有十头牛，你才能回来。"

牛郎心知马氏这是有意为难他，却不知该如何应对。

他只得赶着牛漫无目的地朝山野走去。不知走了多久后，牛郎坐在一棵老树下休息，想起此事，眼泪便流了下来。

此时，一位老者忽然出现。他问牛郎："你怎么一人在这偏僻之处放牛？又是何事让你这样伤心？"

牛郎将自己的遭遇一一告知老者。

谁料，老者听后抚须一笑，说道："我当有多难，别哭了，快去伏牛山吧，那儿有一头生了病的老牛。你只需要好好喂养它，待它病好，你就能解决这个难题了。"

说罢，老者竟忽然消失于牛郎眼前。

牛郎按照老者的指示，果然在伏牛山找到了一头生病的老牛。

牛郎照顾老牛数日后，有一天，老牛忽然开口讲话了："我本是天上的灰牛大仙，因为偷偷将五谷的种子撒入人间，触犯了天规被贬下凡。如果你能用百花的露水给我擦洗一个月的伤口，

清院本·十二月令图·七月

我就会好起来的。”

一个月后，在牛郎的照拂之下，老牛的病果然好了。牛郎便带着老牛一同回家去了。

有人看了眼馋，便谎称自己家里丢了牛。嫂子盛怒之下，决定与牛郎分家。

分家时，牛郎只要了老牛和一辆破烂的车子，随后带着老牛四处云游。

有一日，老牛告诉牛郎：“天上的织女时常与其他仙女在河中沐浴，你只需拿走织女的衣裳，就能娶她为妻。”

牛郎照做了。他躲藏在芦苇荡中，趁着织女在河中沐浴时拿走了织女的衣裳。仙女发现后惊慌失措，均穿起仙衣离开，唯独剩下织女一人。

后来，牛郎如愿娶了织女为妻，两人过上了男耕女织的生活，还生育了一双儿女。

只可惜，好景不长。

牛郎与织女成婚的事被王母娘娘知道了，她命令天神强行抓走了织女。牛郎与织女就此彻底分开。

为避免二人再相见，王母娘娘用鬓边的金钗在银河上划出一道天堑。自此，两人余生只能两两相望，再无相见的可能。

但是，他们的故事感动了喜鹊。无数喜鹊飞来，搭成一座鹊桥，让他们以此相会。王母对此极度无奈，也有所感动，于是便准许二人每年七夕在鹊桥相会。

这一故事究竟何时成形？

从现存的史料中不难发现，秦汉时期为故事形成的早期阶段。

魏文帝曹丕曾作《燕歌行二首》，描写妇人思念在外丈夫的情形，诗句清丽婉转，凄美动人。他在《其一》中如此写道："牵牛织女遥相望，尔独何辜限河梁。"

汉代《古诗十九首》中的《迢迢牵牛星》一诗中也讲述了牛郎与织女的故事。

迢迢牵牛星，皎皎河汉女。
纤纤擢素手，札札弄机杼。
终日不成章，泣涕零如雨。
河汉清且浅，相去复几许？
盈盈一水间，脉脉不得语。

此诗何意？

这是说牵牛、织女两星，永隔银河两两相望。原本负责织造布匹的织女，如今已不闻机杼声，终日未见她织就一匹布，只听得到她的叹息，只见她日日落泪。银河虽然看起来清浅，却将两个有情人远远隔开，自此再也没有交流的机会。

1975 年，云梦睡虎地沉睡两千多年的秦代竹简面世，震惊考古界。在这些秦简之中，同样有"牵牛以取（娶）织女而不果"的记录。

但真正有牛郎与织女故事情节的记载，还得说到《月令广义》中所征引的南朝殷芸的《小说》，其中有粗略梗概。

天河之东有织女，天帝之子也。年年机杼劳役，织成云锦天衣，容貌不暇整。帝怜其独处，许嫁河西牵牛郎，嫁后遂废织纴。天帝怒，责令归河东，但使一年一度相会。

与殷芸所书类似的故事，于宗懔的《荆楚岁时记》、吴均的《续齐谐记》、周处的《风土记》中同样有载。

从无数的史料中不难发现，自汉唐以来，牛郎与织女的故事便被无数次写进诗词之中。

也正是在无数人的歌咏之下，二人成为爱情的象征，感动了无数有情人。后来，故事逐渐成形，并最终固定下来。

故事真假，不置可否。千百年来，它能流传至今，且人人乐于传颂，无疑象征着人们心中的美好愿景。

“情人终已矣，良会更何时？”

自然是，七月初七，鹊可成桥，银河迢迢，有情之人终能相会。

与爱情有关，
却不等同于情人节。

贰

七夕不是情人节

提起七夕，总少不了要说它是中国的情人节。

唐朝诗人白居易在长篇叙事诗《长恨歌》中讲过这样一段故事。

当年，马嵬坡事变之后，唐玄宗对杨贵妃，那是日思夜想。

后来，不知怎的，这件事被一个道士知道了。他找到唐玄宗，说："我会西汉异人李少君的招魂法术，若皇上允准，我能助皇上到海上仙山寻回贵妃。"

唐玄宗听后十分高兴，于是便命这个道士前去寻找杨贵妃。

道士得令，乘舟而去。

果然，他在一座仙山上找到了一座道观，名叫玉妃太真院。待他拾级而上，进入道观之中，一眼便瞧见了杨贵妃。

杨贵妃见到道士之后并不意外，问他："皇上还好吗？"

随后，她又问了道士天宝十四年（755 年）以后所发生的事情。

道士讲明来意之后，杨玉环让身边的侍女取来当年她与唐玄宗定情的金钗钿盒，将其分成两半。杨贵妃将其中一半交给道士，并说："还请你替我向太上皇道谢。我敬献这信物，也是为了找回过去的情意。"

杨贵妃见道士接下信物后却没有要走的意思，便问他："你为何还不走？"

道士回道："有信物自然是好。但还请贵妃同我讲一件你与玄宗的私密往事，如此我才好复命呀！"

杨贵妃缓缓讲起一段往事。

天宝十年（751 年），皇帝前往骊山宫中避暑，她作为侍候的妃嫔随从。那天恰逢七月初七，是牛郎与织女相会之日。

依照秦地风俗，七夕当晚，人们会挂锦绣，陈列饮食，于庭院之中插花焚香，并向织女星许愿"乞巧"。而宫廷内阁，尤其重视这件事。

当时已至深夜，侍卫于西厢房休息，侍候皇上的仅杨贵妃一人。

夜风习习，二人比肩而立，看到天上亮着的星子，均感慨起牛郎与织女的遭遇。

于是，他们二人便在这一晚彼此发誓，若有来生，愿生生世世都做夫妻。

杨贵妃对那道士说："这件事只有太上皇知道。"说罢，又幽幽说道，"因着这个念头，我已不能长住于此了，还要重回人间，再续前缘。不过，无论在天上或是在人间，我们俩定会再见，和好如初。"

末了，她又说道："太上皇在人间的日子也不多了，希望多多珍重，不要自寻苦恼。”

道士拿着信物回去面圣，如实将自己所遇的事情告知唐玄宗。

唐玄宗听后，又惊又悲，自此之后，身体每况愈下。

白居易所写就的《长恨歌》，除却批判唐玄宗重色误国导致安史之乱外，实则也歌颂了玄宗与杨贵妃的爱情故事。而那一句“天长地久有时尽，此恨绵绵无绝期”更是成为千古绝唱。

但最妙的还数（七月七日）“天上人间会相见”，借牛郎与织女来写就玄宗与杨贵妃的天人永隔。

实际上，在现存的历史资料中，与牵牛星、织女星相关的文字，最早应是在周朝出现的。

《诗经》中有一首《小雅·大东》。

其中有这么一小节：“维天有汉，监亦有光。跂彼织女，终日七襄。虽则七襄，不成报章。睆彼牵牛，不以服箱。”

诗中所记录的是什么呢？

诗中说，天上有银河，星星亦放光，织女星高悬在上。织女星每天会在固定的七个时辰移动，可是，有谁见她织出一匹布来？而那牵牛星，终日固定在一个地方，根本没有人见他驾车移动过。

从其道出的信息不难发现，在周朝，人们并未将两人当作爱情的象征。

在周朝人的信仰与认知之中，织女星是纺织之神，而牵牛星则是运输之神。两人从来都是分工合作的。

至于两人彼此是否有情感，想必，周朝的人是不敢想的。

七夕这一节日实则起源于一种天文星象。

古时候，人们就发现，天上有两颗星星异常闪亮，它们中间隔着一条银河。联系到当时的社会形态是男耕女织，于是人们便将这两颗星星命名为牛郎星和织女星。

古人对于星象的研究，贡献极其突出。而提到星象，就不得不提张衡。

许多人只知道张衡发明了地动仪，是东汉杰出的天文学家。实际上，他还是数学家、发明家、地理学家、文学家，是历史上少有的全才。世界上第一台用水力推动的大型天文仪器浑天仪，就是他发明的。

张衡所著的天文学著作《灵献》则被后世认为是中国和世界天文学史上不朽的名著。郭沫若曾评价他是全面发展的人物，在世界上亦所罕见。

此为题外话，咱们说回七夕。

旧时，七夕也被称为“七姐诞”。七姐，指代的就是织女。相传，七姐是天帝的孙女，主要掌管编织云雾。同时，她也被视为纺织业者、妇女和儿童的保护神。

在以农耕、纺织维持生计的古代，女子们大多希望自己能够拥有一双如同七姐一样的巧手。所以，民间又将七夕称作乞巧节，有乞巧求智的意思。

到宋朝，七夕节被正式归为国家法定节假日。

至此，无论是节日的娱乐性，抑或商业气息，都尤为突出，节日氛围也达到了顶峰。

宋元之际，七姐诞的乞巧习俗可以说相当隆重。京城中会设立专门售卖乞巧物品的市场，称为乞巧市。

这里有必要再讲一件趣事。

如今提起“星期”，有不少人以为这是一个舶来词。实际上，“星

宋・佚名・七夕乞巧图・局部

期”一词于我国古代便已存在，只是与今日的含义有所不同。

在古代，“星期”最初是指农历七月初七，也就是七夕，亦即牛郎与织女相会之日。唐朝诗人王勃曾作《七夕赋》：“伫灵匹于星期，眷神姿于月夕。”

到明朝时，“星期”又多了一层含义，指男女成婚之日。明朝汪廷讷的《种玉记・梦俊》有载：“年少，梦中恍惚相逢，想是星期将到。”

“星期”一词真正成为作息日期，则是在清朝末期。

如此看来，仅凭牛郎与织女的故事便将七夕定义为古人的情人节，是不够严谨的。

在神话故事里，牛郎与织女在七夕这日是必然会相会的。但是从天文学上来讲，他们要想凭着鹊桥在这夜相会，断然是不科学的。

原因很简单：牵牛星与织女星是比太阳还要巨大的恒星。天文学上以光年测量恒星之间的距离，牵牛星距离我们约 16 光年，织女星则距离我们约 26 光年。

无数个夏夜，我们在赏月之际总会觉得牵牛星与织女星不过是两个小小的光点，它们的距离谈不上遥远，千万鹊鸟一搭成桥，二人见面称不上难。可实际上，它们之间的距离实在遥远，有 16.4 光年。

一光年是每秒钟走 30 万千米的光在一年里所走的距离。

粗略计算一下，假设牛郎跑得飞快，每天能跑上 100 公里，他想见织女一面，也得跑 43 亿年。就算牛郎有宇宙飞船，飞行速度为每秒 11 千米，也需要 45 万年的时间。

或许有人会说，既然如此，打个电话岂不是更快一些？确实更快，但一通电话拨过去，对方也要 16.4 年后才能接到。再深的相思，再多的情话，怕是也都变味了。

总的来说，七夕是一个以牛郎与织女的民间传说为载体，以祈福、乞巧为主题，以女性为主体的综合性节日。

将它称为女儿节，反而更妙。

叁

节俗繁多，各有意趣；
良俗延续，文化弘扬。

晒衣晒书，投针验巧

南朝时期，临川王刘义庆组织一批文人编写了一本志人小说集，名叫《世说新语》。

其中有一篇叫《排调》，里面有这么一段记载：“郝隆七月七日出日中仰卧，人问其故，答曰：‘我晒书。’”

这则故事虽短，却记录了旧时七夕的一项民俗：晒书。

农历七月初七晒书，在宋朝颇为流行，并且是官方确认的行为。《岁时广记》卷二十六引《宋会要》载：“皇朝故事，以七月七日为晒书节，三省六部以下，各赐缗钱开筵宴，为晒书会。”

晒书自然是为了防止书籍被虫鼠咬坏，同时也可避免因空气太过潮湿导致书籍遭到腐蚀。

七月初七晒书，作为民间习俗，一直延续到清朝。但在清朝，晒书的日期稍有变化。康熙时期，晒书节由七月七日改为六月六日。

除了晒书，古人还盛行七夕晒衣。

东汉崔寔的《四民月令》云："七月七日，曝经书及衣裳，不蠹。"

可见晒衣这一习俗，东汉时期便已出现。

至魏晋时期，七夕晒衣则成为一种社会现象。这一点，《世说新语·任诞》里阮咸的故事可以为证。

阮咸是"竹林七贤"之一，家中并不富足，吃穿用度都较为简朴。然而，这并未让他觉得自己低人一等，反而不卑不亢。

当时，年至七月初七，人们大都会将衣服拿到太阳下晾晒。此举原本是为了防止衣物被虫蛀，到后来却成了富贵人家炫富的方式。

某年又到七夕，大家都拿出自己华美的衣裳晾晒时，阮咸却把粗布短裤挂在竹竿上晾晒。

有人觉得阮咸此举实在怪诞，便问他缘由。阮咸不疾不徐地说："未能免俗，聊复尔耳。"

他说的是："我也没办法免俗呀，只能学大家这样晒晒衣服了。"

实际上，阮咸想表达的是，富贵并不是用来炫耀的资本，家贫也不是什么耻辱的事。

不过，切莫以为，古代人过七夕只晒衣晒书。从诸多古籍所载可以得知，古人过七夕，节俗不但繁多，且尤为有意趣。

宋朝孟元老所著《东京梦华录》中《七夕》一篇有载："至初六日、七日晚，贵家多结彩楼于庭，谓之'乞巧楼'。铺陈磨喝乐、花瓜、酒炙、笔砚、针线，或儿童裁诗，女郎呈巧，焚香列拜，谓之'乞巧'。"

实际上，这一习俗唐朝时便已存在。

唐宋时，每年一到农历七月初六和初七这两日，稍富裕的人家便会于自家庭院之中搭建“乞巧楼”。

楼高百尺，能纳数十人，挂彩色丝带。楼下则会陈列节俗之物，譬如磨喝乐、花瓜、酒炙、笔砚、针线等。

此时，男子吟诵诗词，女子展示平日所学女红，最后焚香礼拜，此行为被称为“乞巧”。

前一篇中讲，将七夕称为女儿节更妙，实则是有原因的。

汉朝刘歆所著的《西京杂记》中有载：“汉彩女常以七月七日穿七孔针于开襟楼，俱以习之。”

刘歆所记载的这一七夕习俗，汉朝时已流行，名为“穿针乞巧”。

在民间，它还有一个称呼——赛巧。

何为赛巧？

赛巧是指七夕这日女子所进行的穿针比赛。比赛中，女子结彩线，穿七孔针，谁穿得最快，便意味着谁能乞到的巧最多。反之，

明·仇英·乞巧图·局部

比赛之中，穿得最慢的那位则被称为“输巧”之人。

在比赛中，输巧的人要将事先准备好的礼物送给得巧者。

宋朝时，七夕还有一习俗在女子间蔚然成风：喜蛛应巧。实际上，它也是乞巧的一种，极为有趣。

女子会在七夕这日捉一只蜘蛛，将其关入盒中，到第二日方可打开查看，以蜘蛛在盒中所结的蛛网来下定论。若蛛网既圆又正，则意味着得巧，表示女子获得了纺织的巧智。

至明清时期，民间颇为盛行的七夕节俗，则是七夕穿针的变体，名曰“投针验巧”。虽说它源于穿针，却略有不同。

何为投针验巧？

“投针验巧”需要提前准备一只面盆，放置于天井处，倒入鸳鸯水。所谓鸳鸯水，指将白日所取的水和夜间所取的水混在一起。实际上，人们往往会用混在一起的河水与井水作为替代。

如此之后，面盆与水均要露天过夜。至七月初七当日，太阳晒过之后，便可以进行“验巧”了。

经过太阳光的折射，水的表面会形成一层薄膜。此时，女子取缝衣针轻置水面之上，针不下沉，水底出现针影。若针影为笔直一条，即乞巧失败；若针影形成各种形状，或弯曲，或一头粗一头细，或呈现其他形状，便意味着“得巧”。

古人过七夕，还有一项习俗，为“种生求子”。

《东京梦华录》中有载：“又以菉（绿）豆、小豆、小麦于磁器内，以水浸之，生芽数寸，以红蓝彩缕束之，谓之‘种生’。”

宋朝时，人们过七夕时会将绿豆、小豆、小麦等浸泡于瓷碗之

清·陈枚·月曼清游图·桐荫乞巧

中，待到其长出嫩芽，再用红蓝丝绳将其扎成一束。民间称其为种生，也叫五生盆和生花盆。人们之所以这么做，源于一种生育信仰，也是对美好生活的一种渴求。

在宋朝，小孩子也会高高兴兴地过七夕。

宋朝时，每逢七夕前三五日，汴京街头总是格外热闹，车水马龙，随处可见身着罗绮新衣的人。

有人会于湖面采摘新鲜的荷花花苞，将其连在一起，做成双头莲的样子用以玩赏，同时也有希望自己能够高中状元的意思。

人群之中定然也能瞧见奔跑的孩童。他们身上都着新裳，见到同龄人也必然会比上一比，看谁穿得更漂亮。不过，他们手中往往会举着新买的荷叶，那是在模仿七夕节令物件磨喝乐的造型。

肆

宋朝七夕节令好物

元代杂剧作家孟汉卿曾写过一个故事，名叫《张孔目智勘魔合罗》。

故事讲的是，一位叫李德昌的人在经商归家的途中意外得病，只能在一座古庙内暂作休息。

这一日，天不作美，下了一场大雨。

一位叫高山的卖魔合罗的小贩为了避雨，挑着担子走进了古庙。两人就此结识。在李德昌的委托下，高山前往李家，给他的妻子刘玉娘送信。

李德昌的弟弟李文道得知这一消息后，火速前往庙内将自己的兄长毒死，并且诬告是玉娘谋杀了亲夫，有意逼玉娘成为自己的妻子。

玉娘誓死不从，将这件事告到了官府，乞求能讨要一个说法。

然而，让人意想不到的是，知县贪赃枉法，竟然判了玉娘死罪。

此事很快震惊了六案都孔目张鼎，在他的要求下，案子得以重审。经过一系列的调查和取证，玉娘最终得以昭雪。

明朝《元曲选》中收录了这则故事，其中有一细节十分有趣。

高山在庙中结识李德昌之后，应允给玉娘送信。待高山到了李德昌家中，李家的小儿看到他货担上的魔合罗，非常喜欢。为了表达心意，高山特地赠了他一尊底部印有自己名字的魔合罗作为礼物。后来，这尊魔合罗成为推翻冤案的重要证据。

孟汉卿笔下的魔合罗还有一个名字，叫磨喝乐。而在宋朝，磨喝乐往往在七夕节特有的乞巧市上售卖。

根据《岁时杂记》所载，宋朝时，每年一至七月初一，汴京城中便会出现一个专门为此节令所设的集市，名为乞巧市。

宋朝人好过节，自集市设立之后，街头便车水马龙，好不热闹。商家更是会争逞巧智，在这一时间段推出各类新奇的小玩意儿。人们争相外出逛集市，直到夜晚才会散去。

宋朝七夕特供的时令好物都有哪些呢？

《东京梦华录》中曾给出过一份清单：水上浮、谷板、花瓜、果食、种生、并蒂莲等，再就是磨喝乐。

水上浮是匠人以黄蜡制作而成的，多以鸭子、大雁、鸳鸯、鹅、乌龟、游鱼等形象出现。匠人会在其表面进行彩绘上色，再以金线作为装饰。因其能在水面上漂浮，所以得了个水上浮的名字。

谷板用今人的眼光来看，恰如宋朝商人发明的造景摆件。

谷板是如何制成的呢？

在小木板上覆盖泥土，于泥土之上播撒粟种子，淋水灌溉之后，待粟发芽，长成青翠小苗，再缀以田地、农舍、小人，呈现出村落的样貌，谓之谷板。

至于花瓜，宋朝画家韩佑曾绘有一幅《螽斯绵瓞图》。

说起来，花瓜与谷板极为相似。

在造景之余，还会在瓜上雕刻各式花样，因此称之为花瓜。

果食则是宋朝人七夕爱吃的节令食物。

宋朝人吃的果食，是用油、面、糖和蜜所制成的一种笑脸娃娃一样的点心，造型不一，奇巧百出。其中，最为常见的图样为捺香、方胜。若一次购买一斤果食，里头大多会有一对果食呈披着盔甲的门神造型。大家都叫它们“果食将军”。

至于为何它们会是这样的造型，宋朝人也不知道，“盖自来风流，不知其从”。

然而，若要在宋朝七夕的这些节令好物里评选个第一出来，前面所述的这些都是排不上号的。在宋朝，所有的七夕节令好物里，最当红、最顶流的，还数磨喝乐。

磨喝乐又叫摩睺罗、摩侯罗、磨合罗等，是一种小泥塑，多会制成小孩儿的造型。

宋朝人每年过七夕，乞巧市一开，潘楼街东宋门外瓦子、州西梁门外瓦子、北门外、南朱雀门外街以及马行街内，皆卖磨喝乐。

磨喝乐能成为宋朝七夕节令好物的顶流，是有原因的。

宋・韩佑・螽斯绵瓞图

磨喝乐虽为泥塑小玩意儿，但其制作精良，身材、手足、面目，甚至是毛发，都栩栩如生。可以说，宋朝人所制作的磨喝乐的奢华、精致程度，绝对不输给当下的手办。

它们往往会被装在一个雕刻精美的彩绘栏座里，有的匠人还会以红纱绿纱做成纱笼将其装起来。此外，也有用黄金、珠玉、翡翠来进行装饰的。自然，价格也是极高的。通常，这样一对磨喝乐，要价高达几千钱。

磨喝乐也确实实现了“奇巧”二字。

宋朝人制作的磨喝乐，多会配以各种漂亮的服饰。《西湖老人繁胜录》中有载：“御街扑卖摩侯罗，多着乾红背心，系青纱裙儿；亦有着背儿、戴帽儿者。”

这还不是最“奇巧”的。

宋朝有一位名叫袁遇昌的雕塑家，他所制的磨喝乐，更是出现了仿生机械款，“其衣襞脑囟，按之蠕动”。

虽说磨喝乐价格昂贵，但这并不妨碍宋朝人对它的喜爱。

上至皇室，下至寻常百姓家，随处可见磨喝乐的狂热追随者，“禁中及贵家与士庶为时物追陪”。

最有意思的是，宋朝人若是觉得一个孩子长得可爱，会夸他“生得磨喝乐模样”。

南宋·佚名·歌乐图

如今过七夕，已然不见乞巧市，谷板、花瓜这样的节令好物也早就从时代的洪流中退场。取代它们的，是鲜花与情话。但从来不变的，是千百年来人们对美好的憧憬与心中的那份情谊。

一笔一画，一景一物，独属中国人的浪漫。

伍

古画里的宫廷七夕

相传，唐玄宗为了纪念牵牛星与织女星，曾特地在唐宫中修建了一座乞巧楼。

根据《开元天宝遗事》所载，那乞巧楼高百尺，楼上陈列瓜果酒炙，另外还设有坐具，以此祭祀牵牛、织女二星。

每年七夕这晚，妃嫔们均会登上乞巧楼，于月光下仰望星空，投针验巧，欢饮达旦，不眠不休。

自此之后，这一习俗得以在民间延续。

唐代朱景玄在其所撰的《唐朝名画录》中记载，有位名叫张萱的画家尤其擅长画仕女。他曾画过一幅《宫中七夕乞巧图》，只可惜画作并未留传下来。

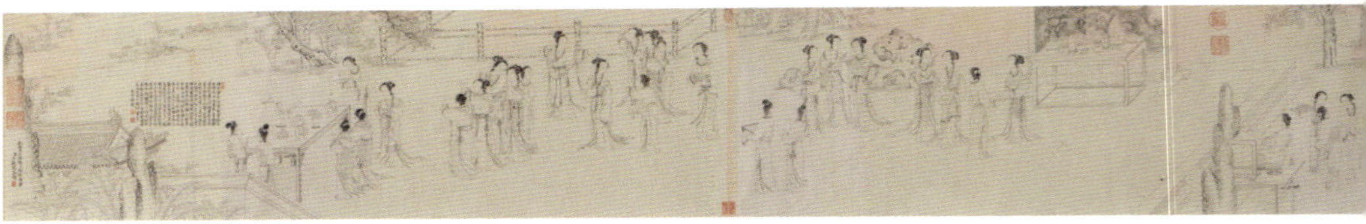

不过，这并不妨碍我们从古画中探寻古代宫廷是如何过七夕的。

北宋早期有一摹本，也有改画本之说，名为《唐宫七夕乞巧图》，现藏于美国纽约大都会艺术博物馆。

《唐宫七夕乞巧图》画风精美，看上去颇有唐代敦煌壁画的感觉。画者以全景俯瞰的角度作画，使得那时唐宫的重重建筑与庭院尽现观者眼前。

画面上，唐宫之内，侍女正在忙着布置宴会：一张长桌上摆放着数十盏供乞巧用的水碗，一旁另有宴饮时伴奏所用的诸多丝竹乐器。

据说，侍女所处的那楼，便是唐玄宗所修建的乞巧楼。

与古籍所载无异，除了欢饮达旦，唐朝宫廷内的女眷也会进行投针验巧这样的民俗活动。

宋朝赵伯驹所绘的《汉宫图》生动展现了汉宫过七夕的场景，现藏于台北故宫博物院。

在赵伯驹的笔下，汉朝宫廷过七夕，是充满诗情画意，并且绮丽浪漫的。

虽说画中人物细小，但胜在姿态灵动传神。画面上，帐外停放着马车，候在一旁的随从耐心地等待着在宫殿庭院中参与活动的主家。

七月初七当晚，宫廷的女性要列队登上乞巧楼，从画面上可以看出，场面极为壮观。

她们借牛郎与织女两星相会的故事，特地装扮一番，登高楼，

清·丁观鹏·乞巧图

向织女乞求得巧，希望自己心中所愿皆能实现。

上海博物馆内现收藏着一幅清朝宫廷画师丁观鹏所绘的墨笔画，名叫《乞巧图》。

这一画卷颇有些连环画的意味。在他的笔墨之下，清朝宫廷过七夕乞巧的情景和过程得以还原——

庭院之内，翠竹青青，假山、松树、梧桐皆成为背景。

七夕当夜，秋凉夜静，画中的女子形态不一，有人端坐，有人站立，有人静默，也有人相互交谈。女子或成群结队，或轻盈漫步于夜色之中，更有人对月投针验巧。

一旁另有侍女若干，有些在忙着上灯，另一些则在忙着烧水、执壶，或是呈现捧盘、抬桌之姿。

宫廷过七夕，自然少不了节令大戏。

根据现存的内务府昇平署档案来看，清朝嘉庆至咸丰年间，皇帝多于圆明园中度过七夕，当日的活动则主要在西峰秀色与同乐园进行。

清宫的七夕节令大戏，多在同乐园上演。当时所表演的剧目，以《七襄报章》《仕女乞巧》《银河鹊渡》为主，再就是《七夕佳辰》《双渡银河》等。

除此之外，还会举行一项重要的活动，那就是念斋意。

念斋意往往是在圆明园西峰秀色进行的。

北宋·佚名·唐宫七夕乞巧图·局部

七夕当日，会在西峰秀色设一堂供奉，称为七夕供。由昇平署总管太监等至堂前诵念祷辞，称为念斋意。其间还要由昇平署“十番乐”伶人作乐。

七夕供同每年二月初一的太阳供、八月十五的月供一样，是每年极重要的三堂供奉，供前念斋意、作乐也是昇平署的重要工作内容。

七夕供前也会有承应戏，但是极短，往往只是象征性地走一个过场即会结束。

在历代文献中，关于七夕的节俗，记录各有不同。然而，不变的是，无论民间还是宫廷，都有属于自己的一页。

千百年前虽无影像作为载体记录过往，但有绘画。七夕乞巧是古代画家尤为热衷描绘的题材。

若不是他们的一笔一触，想必今人是如何都无法窥见那些节令之美的。

也正是这一描一绘让如今的我们知晓，七月初七，孟秋时节，曾有多少故事发生。

嫦娥

唐·李商隐

云母屏风烛影深，
长河渐落晓星沉。
嫦娥应悔偷灵药，
碧海青天夜夜心。

阳关曲·中秋作

宋·苏轼

暮云收尽溢清寒，

银汉无声转玉盘。
此生此夜不长好，
明月明年何处看？

望月怀远

唐·张九龄

海上生明月，
天涯共此时。
情人怨遥夜，
竟夕起相思。

中秋

灭烛怜光满，
披衣觉露滋。
不堪盈手赠，
还寝梦佳期。

姜黄

中国传统色

中秋

文化的承载，
民族家国情怀，
使得中秋成为文化符号。

壹

海上生明月，天涯共此时

若要在中国所有的传统节日中挑选出一个最具诗意的，当数中秋。

古往今来，无数文人墨客都将中秋当作咏颂的对象。有人借着月圆咏怀，有人谈及思念之情，自然，亦有人借此诉一段人生之味。

北宋苏轼在千古名篇《水调歌头·明月几时有》里写有“但愿人长久，千里共婵娟”；唐朝张若虚在《春江花月夜》里写有“此时相望不相闻，愿逐月华流照君”；南宋宋伯仁在《中秋月》里写有“人生几个中秋节，那得都将笑眼看”；宋朝刘克庄在《木兰花慢·丁未中秋》里写有“莫遣素娥知道，和他发也苍华”……

刘克庄所提到的素娥，就是如今大众熟知的月宫仙子嫦娥。

对中国人而言，过中秋若不提嫦娥奔月的故事，就会少些逸趣。

提起中秋的由来，大部分人必会想到这段上古神话。

相传，远古时期，后羿被帝尧封于河南商丘。

这年，天生异象，土地干裂，森林尽毁，禾苗不生。导致这一切发生的，则是帝俊与羲和所生的十个孩子。他们都是太阳，居于东方海外，睡在一棵名为扶桑的树下。平日里，十子轮流出勤，照耀大地。但有时他们也会齐齐悬于天空，灾难自此而成。

对于百姓而言，十个太阳并照大地，生活已无法继续。

后羿一心想解决此事。他力大无穷，便背着神弓

清院本·十二月令图·八月

攀上昆仑山顶。找准位置之后，他运足气力，拉弓射箭，一口气射下九个太阳。

十个太阳仅剩一个，后羿对他说："自此之后，你务必每日按时升起，按时落下，为民造福。"

那太阳眼见自己的九个兄弟都已消亡，自然应允。

后羿射日，为民除害，引来无数人的敬重。同时，也有不少人前来向他拜师学艺。昆仑山的西王母还因此赐给后羿一粒仙丹，据说人吃了它能长生不老，更可白日飞升，位列仙班。但仙丹只有一粒，无法与妻子嫦娥共享，于是后羿便让妻子将其藏于匣内。

不知怎的，这件事竟被后羿的徒弟逄蒙知道了。

在后羿的众多徒弟当中，逄蒙堪称小人，为人奸诈不说，还特别贪婪。知晓仙丹的存在后，逄蒙心生邪念，企图将仙丹占为己有。

八月十五清晨，后羿带弟子出门，逄蒙谎称自己身体抱恙，并未随后羿外出。

入夜后，逄蒙手持宝剑闯入后羿家里，胁迫嫦娥交出仙丹。

嫦娥又惊又惧，但心中想的更多的是：此人心术不正，若仙丹为他所得，岂不是会为祸一方？

逄蒙步步紧逼，嫦娥只能竭力与其周旋。最终，在逄蒙四处搜寻仙丹时，嫦娥打开匣子，直接将仙丹吞了下去，然后竟直接轻飘飘地飞了起来。只见她越过原野，飞过高山，一直朝着天上那轮明月飞去，最终消失不见。

后羿回来之后见到家中一片狼藉，妻子嫦娥也不见了。他在院中四处张望、找寻，猛一抬头，只见苍茫的云海间皓月当空，月中人影、树影相重叠。影影绰绰之间，一只玉兔窜来跳去，而他的妻子正立在树前凝视自己。

后羿内心悲痛，想到找到月亮就能见到妻子，便不顾一切地朝月亮奔去。然而，遗憾的是，他每跑几步，月亮就向后退几步。无论他怎样追赶，始终望而不及。

街坊四邻知晓嫦娥奔月的事情后，十分想念嫦娥，便在庭院之中摆上嫦娥平时爱吃的食品，以此送出祝福。

从此，八月十五成为中秋节。

此故事为坊间流传较广的版本。

唐朝末年，一位叫杜光庭的道士写了一本《墉城集仙录》，对此也有记载："……姮（一作姐）娥，羿妻也，羿司射卫黄帝之宫，入宫得琼蕊之丹，以与姮娥服，飞入月宫，为月中之官。"

清朝小说家蒲松龄的《聊斋志异》中有一篇讲的也是嫦娥的故事。在蒲松龄的笔下，故事是新编的，颇有同人文的感觉。故事讲的是嫦娥被贬下凡，被一名叫林婆子的老妇收养，嫁给了一个叫宗子美的穷书生。二人缘分尽时，嫦娥自导自演了一出戏，离宗子美而去。最终，在女妖颠当和盲眼尼姑的协助下，宗子美与嫦娥相守一生。

在屈原的《天问》中，嫦娥奔月则是因为后羿不忠，爱慕洛神。

诸多版本中，永恒不变的是两位主人公后羿与嫦娥，传递的也始终是相思之情与团圆之盼。慢慢地，连带着出现了一些周边故事，譬如《吴刚伐桂》《玉兔捣药》等。

但说到底，这些都只是上古神话、民间传说。中秋

明·陶成·蟾宫月兔图

节到底由何而来，还得从历史的长河中探寻。

历史上，“中秋”一词最早见于西汉时期的儒家典籍《周礼》：“中秋夜迎寒……”

根据史料记载，先秦时期，整个华夏大地便已经有了“中秋夜迎寒”这一习俗。

从时令上来讲，上古时期，人们依靠种植维持生计，春播夏种，到秋天方可丰收。所以，在当时，中秋是秋收节。《诗经》中就曾描绘过人们在秋收节饮酒祝祷、载歌载舞庆祝丰收的景象。

从渊源上来说，中秋源自上古时期的秋夕祭月仪式。

《礼记》中载有“朝夕”之礼。简单来说，“朝夕”指春分朝日、秋分祭月。

人们最初祭月，是在秋分这日。秋分在八月，具体日期每年不同。这意味着，秋分虽到，但不见得每年这晚必有月亮。既然说是祭月，没有月亮便是不成立的，于是人们便将祭月的日子定在了八月十五这日。

周朝时，人们会在八月十五这晚举

办迎寒与祭月活动。

唐朝时，中秋节成为达官显贵与文人墨客富有游艺性质的节日，并未在民间普及开来。从根本上来讲，还称不上传统意义的民间节日。

不过，总体来说，唐朝时，中秋节算是定型了。

历史上，无数与中秋相关的传世名诗在这一时期呈井喷状态出现。唐朝诗人张九龄写下一句“海上生明月，天涯共此时”，对王维、孟浩然产生了深远的影响。

宋朝时，无论经济，还是文化，都空前繁荣。

宋人好过节，中秋节因此逐渐成为民俗节日。虽然不可与元日、寒食、冬至、上元这四个大节相比，但中秋节似乎更受文人墨客喜爱。

南宋·马远·对月图

中秋节得到长足发展，则是从明朝开始的。

根据《西湖游览志余》所载就能发现，“中秋节团圆”也是从这一时期开始的：“八月十五谓中秋，民间以月饼相遗，取团圆之义。”

至此，中秋节的地位得以显著提升，进阶为仅次于春节的第二大传统节日，并成为文化符号，因为它承载的是中华的传统文化，更关乎着民族和国家情怀。

不过，无论是上古时期，抑或唐、宋、明、清，每年中秋，人们心中所想的始终都是：“好时节，愿得年年，常见中秋月。”

从一件裙装，
照见古代女子的主流审美。

贰

万舞不可数，最爱霓裳

《唐逸史》中记载了这么一个故事。

开元年间，某年八月十五中秋夜，月色如银，万里一碧。

唐玄宗与方士罗公远二人在宫中赏月。

杯酒下肚，唐玄宗将背倚靠在白玉栏杆上，仰头看着天空，不禁陷入沉思。

随后，唐玄宗说道：“你看，这月亮始终普照万物，如此光灿，其中肯定有好去处。嫦娥窃药，奔向月宫，既然有宫殿，那肯定是能去游观的。只是，如何才能上去？”

罗公远听后，回道：“这有何难？”

说罢，就见罗公远将手中所执的手杖抛到空中，瞬间化成了一座银色的长桥。

罗公远扶着唐玄宗走上长桥。虽说桥是手杖幻化的，路却平坦、安稳。只见两人每迈过一步，桥便消失一截。约莫走了数十里路后，两人来到一城阙前，上有一匾额，写着六个赤金大字：广寒清虚之府。

唐玄宗问："这是哪里？"

罗公远答："这儿就是月宫了。"

两人从大门走进去，唐玄宗一眼就瞧见庭前植有一棵桂花树，散发着浓郁的香气。最妙的是，桂树高大，树下有数百个身着白衣的仙女，正乘着白鸾在翩然起舞。

庭前石阶上，另有同样打扮的仙女若干，各自手持乐器，正在奏乐。

众人见唐玄宗与罗公远来到这里并不觉得奇怪，更无人前去接待，而是各自忙碌，奏乐者未停，舞者不歇。

哪怕是生性风流、浪漫的唐玄宗，也从未见过此情此景，看得如痴如醉。又因他极爱音律，便两手按节，将乐曲记下。

待到唐玄宗结束月宫之游回到人间，便让宫中的伶官按照自己所记将曲子整理出来，并亲自编排舞蹈。

这就有了后来举世闻名的《霓裳羽衣曲》。唐明皇夜游月宫也自此成为一段佳话。

当然，这是传说，《霓裳羽衣曲》实际是唐玄宗部分地吸收印度的《婆罗门曲》所创制的。

曲子编成了，还得有舞者。让谁跳？自然是玄宗的宠妃杨贵妃。

据说，一开始，表演者只有杨贵妃一人。每当杨贵妃表演之际，宫中经常是这样的情景：万籁俱寂，唯闻歌瑟。杨贵妃一舞，如梦

河南广播电视台·霓裳羽衣舞

似幻，观者都如同跌落仙境一般。

白居易更是作诗赞道："千歌万舞不可数，就中最爱霓裳舞。"

不过，总不能每次宴请群臣都让贵妃跳舞吧？

于是，便又改由杨贵妃的侍女张云容表演。再后来，又改为双人舞，最终改为由三百名少女进行团队表演。

公元 755 年，安禄山发动安史之乱，唐朝陷入动乱之中，《霓裳羽衣曲》因此失传。

杨贵妃的舞姿究竟有多惊艳，后人已不可知。

幸而，南唐李后主得残谱，昭惠后周娥皇与乐师曹生按谱寻声，补缀成曲。

至南宋时，音乐家姜夔偶然得到了相关曲谱，将其收录进《白石道人歌曲》之中。这才没有让这段历史成为遗憾。

2023 年，《霓裳羽衣舞》作为河南广播电视台《中秋奇妙游》中的一个节目登上荧屏。舞者饰演杨贵妃，随着音乐翩然起舞，意境缥缈、清虚，让无数观众感受到了中国美学的千年光芒，一睹大唐风华，并透过霓裳羽衣舞窥见了杨贵妃与唐玄宗的琴瑟和鸣。

那么，霓裳羽衣到底是一件什么样的服饰？

要想弄明白这些，我们首先要知道什么叫“霓裳”。

霓裳中的“裳”指的是裙子，而“霓”指的则是颜色。

霓尤为常见。雨后天边挂彩虹，外圈常会出现一道色序相反的副虹，色彩较暗，就是霓。依此来看，霓裳指的应是一条色彩淡雅的条纹长裙。

可若真是这样，霓裳羽衣舞清虚、缥缈的意境，又如何能实现？

屈原的《楚辞·九歌》给出了答案：“青云衣兮白霓裳，举长矢兮射天狼。”也就是说，早在战国时期，便有将白色裙子称作霓裳之说。或许正是因此，霓也有“青白色”之意。

因此，我们推测，霓裳应该是白色的大摆素裙。若制作裙子所用的面料为丝绸，裙摆舞动时则会有光影流动之效。舞者随着乐律跳动之际，光影的状态会随着舞姿发生变化，恰与霓裳羽衣舞所要表达的意境相吻合。

至于羽衣，多数人看到这二字，首先想到的必然是羽毛。

其实不然。最起码，杨贵妃身上穿的霓裳羽衣并非羽毛制成的。

不过，历史上还真有一位公主穿过羽毛制成的羽衣。她便是唐中宗的女儿、武则天的孙女——安乐公主。

《旧唐书·五行志》中有载：“中宗女安乐公主，有尚方织成毛裙，合百鸟毛，正看为一色，旁看为一色，日中为一色，影中为一色，百鸟之状，并见裙中。”

安乐公主深得父母宠爱，因此奢靡无度。她身上所穿的裙子，便是有名的百鸟裙。美的是她，惨的是那些奇珍异兽，因为公主如此，民间贵族便会纷纷效仿。一时之间，“江岭奇禽异兽毛羽，采之殆尽”。

后来，唐玄宗登基，为了杜绝这种奢靡风气，特意下令焚烧宫中奇服，并“不许士庶服锦绣珠翠之服”。

依照时间节点来看，杨贵妃想穿百鸟裙，自然是不现实的。那么，她身上所着的羽衣是如何制成的呢？

应是以丝绸制成的如羽毛一样轻盈、被裁切成羽毛形状的上衣；还有一种可能，便是绘有羽毛的上衣。

虽说霓裳羽衣只存在于特殊时期，且出现在一些特定的人身上，但它的背后是杨贵妃，是诸多消失于历史中的女子。这说明了一件事，它是古代女子普遍心理愿望的一种体现，同时也诠释了古代裙装的主流审美。

古人说，士为知己者死，女为悦己者容。按照今人的理解，这个“悦己”必然是取悦自己。唯有先悦己，才能悦他人。在古代，又何尝不是呢？

宋·佚名·宋仁宗后坐像

中秋之夜多欢快

清朝有三个大节：元旦、冬至，以及万寿节。

这所谓的万寿节，便是皇帝的诞辰日，取的是万寿无疆之义，属于全国性节日。

到乾隆帝时，万寿节开始与中秋节一起过，给假三日以示庆贺。因为乾隆帝的诞辰是八月十三，临近中秋。

乾隆二十三年（1758 年），乾隆帝与往年一样于避暑山庄中过中秋。

是夜，皓月当空，桂花香气袭人，夜色迷人。

避暑山庄内热闹非凡，乾隆帝与群臣把酒问月，觥筹交错，个个神采飞扬。

大臣蒋溥也坐于席间，内心万分激动。为谢皇恩，他现场提笔画了一幅《月中桂兔图》，祝贺乾隆帝万寿无疆。

作为蒋派花鸟画艺术的代表人物，蒋溥的这幅画可谓灵动，主题自然也与中秋有关。画中不只有圆月，更有桂树和玉兔。枝干与树叶可见细齿，皆呈墨色，叶间所缀的细碎桂花则选用橘黄色进行点染，一眼望去，仿佛能嗅其香。

自然，最妙的还数卧在树下草丛里的那只玉兔。虽是静态玉兔，观者却能从瞳仁中见其娇憨模样。

乾隆帝看后觉得蒋溥这幅画作得好，当场提笔在画上题了一首诗：“秋暖无端迟桂芳，缀枝初折几苞黄。玉䨼静守冰轮

清・蒋溥・月中桂兔图

朗，画出人间满意凉。”

群臣相互传阅，无不赞赏，纷纷开始步韵和诗内容多涉及中秋传说中的玉兔、月宫等。

其实，中秋赏月这一习俗早就有了。

唐朝时，女性最爱拜月。李瑞曾作《拜新月》，写的便是唐朝女性拜月的情形："开帘见新月，即便（一作便即）下阶拜。细语人不闻，北风吹罗带。"

北宋孟元老在《东京梦华录》中记载道："中秋夜，贵家结饰台榭，民间争占酒楼玩月，丝篁鼎沸。"中秋这夜，就连小孩子也是不会早睡的，通常都是通宵嬉戏。

民间尚且如此，更不消说皇家了。

北宋时，每年一逢中秋节，宫中必然会举办"晚会"。住所离皇宫近一些的百姓，断然不会错过高墙之内传出的丝竹之声，"近内庭居民，夜深遥闻笙竽之声，宛若云外"。

待到南宋，赏月之风更盛。

吴自牧曾仿照孟元老《东京梦华录》的体例写了一本《梦粱录》。据其书中所写，南宋时，临安的中秋之夜热闹非常，负责治

清·陈枚·月曼清游图·琼台玩月

安的执金吾在这夜会取消宵禁，到处一片盛景。

此际金风荐爽，玉露生凉，丹桂香飘，银蟾光满，王孙公子，富家巨室，莫不登危楼，临轩玩月，或开广榭，玳筵罗列，琴瑟铿锵，酌酒高歌，以卜竟夕之欢。至如铺席之家，亦登小小月台，安排家宴，团圞子女，以酬佳节。虽陋巷贫窭之人，解衣市酒，勉强迎欢，不肯虚度。此夜天街卖买，直到五鼓，玩月游人，婆娑于市，至晚不绝。

明清时期，则更为流行祭月。明朝刘侗、于奕正所著的《帝京景物略》中曾记录，每年一至八月十五，家家户户皆是要祭月的。

那么，祭月时都需要做些什么呢？

在北方地区，人们会在庭院中对着月亮的方向摆一张供桌，在供桌前面挂上“月光马儿”。

“月光马儿”以纸做成，上方画着太阴星君，下方则绘月宫和捣药的玉兔，顶上还有两面旗子，为红绿色或者黄色。

供桌上则要摆上祭月所需的祭品，往往都是些时令水果，譬如苹果、李子、葡萄等。不过，有两样祭品是祭月时必不可少的，那便是西瓜和月饼。

其中，西瓜是不能整个囫囵放上去的，要切成莲花瓣状。祭月所用的月饼也是特制的，《燕京岁时记》中有载："大者尺余，上绘月宫蟾兔之形。有祭毕而食者，有留至除夕而食者，谓之团圆饼。"

一切准备妥帖之后，点燃红烛，祭月正式开始。

一家人站在一起，依次拜祭月亮。祭月结束之后便要撤供，"月光马儿"要在院子中焚烧掉。随后，一家老小齐聚庭院之中，分食供桌上的月饼与水果，共同赏月。

除却赏月、祭月，古人过中秋还有观潮的习俗。这一习俗在江浙一带由来已久，且极为盛行。

早在汉朝时期，枚乘便在《七发》大赋中对此有详细记录。汉朝之后，观潮之风更盛。南宋周密的《武林旧事》中有载："方其远出海门，仅如银线，既而渐近，则玉城雪岭，际天而来，大声如雷霆，震撼激射，吞天沃日，势极雄豪。"

苏东坡也曾在八月十五时有过观潮之举，更是写下了《八月十五日看潮》："定知玉兔十分圆，已作霜风九月寒。寄语重门休上钥，夜潮留向月中看。"

至今，每逢中秋佳节，江浙一带仍会举办观潮这一特色民俗活动。

中秋节时，古代还有一不得不提的习俗——燃灯。

周云锦、何湘妃曾在《闲情试说时节事》一文里说，中秋节时广东是最喜欢张灯的，每年从中秋前十几天开始，家家户户都会用竹条扎灯笼，还会做成果品、鸟兽、鱼虫等形状，或者庆贺中秋等字样，外面糊上薄纸，涂上各种颜色。到了中秋这夜，灯内燃红烛，用绳子系在竹竿上，挂于高处，俗称“树中秋”或“竖中秋”。

清·张廷彦·中秋佳庆图

家境富裕的，悬挂的灯笼高达数丈，家人会聚在灯下欢饮。寻常的百姓家则竖一旗杆，挂灯笼两盏，自取其乐。

中秋燃灯的规模仅次于元宵节，这夜灯火通明，照得整座城宛如琉璃世界。

一盏红烛之下，长桌摆供，海上的月是天上的月，眼前的人是所念的人，一朝相思尽解，教人如何不欢快？

因为珍贵，
才会共同分享；
所以阖家相聚，
才有团圆。

肆

欲买桂花同载酒

相传，元朝末年，阶级统治异常残酷，致使中原百姓难以忍受。

1352 年，朱元璋投身红巾军，准备联合各路反抗军起义。

然而，当时朝廷派出诸多官兵搜捕起义军，尤其严密，传递消息成了起义军的一大困难。

就在众人一筹莫展的时候，军师刘伯温提出了一个计策。

刘伯温献的计策是什么呢？

把写有“八月十五日夜起义”的纸条塞入饼中，找人送至各地的起义军手中，以这样的方式通知大家在八月十五日这晚起义。

除此之外，他人再无良策，只能按刘伯温说的来。

计划实施得非常顺利，塞了纸条的饼被尽数送出。待到起义那天，各路的义军果然同时响应，打得元军措手不及。

没多久，徐达成功拿下元大都，起义成功。

朱元璋听闻这一消息后高兴极了，立即派人传出口谕："中秋将至，将士与民同乐。"而起兵时传递信息的"月饼"，则被制成时令糕点赏赐给群臣。

自此，坊间开始流行中秋节吃月饼的习俗。

关于为何中秋节要吃月饼，这只是坊间传说中的一则。至于其真实性，自然是存疑的。

但是依照学者的考证，月饼成为中秋时令点心，确实是在明朝。

关于月饼何时出现，说法众多，目前仍未有定论。有一说认为，汉朝流行的西域食物胡饼可以视作月饼的前身。

胡饼为何会变成月饼?

野史中有这么一则趣闻：某年中秋，玄宗与杨贵妃赏月之际分食胡饼，杨贵妃嫌弃胡饼这个名字实在粗俗，于是脱口而出，以月为其命名，并自此流传开来。

到了宋朝，好吃的宋朝人将做饼的技术推至更高一层，"月饼"一词出现。

当时无论是饼的种类，抑或花色，都可谓繁多，饼的样式也愈显精致。

《梦粱录》有载："市食点心，四时皆有，任便索唤，不误主顾……杂色煎花馒头、枣箍荷叶饼、芙蓉饼、菊花饼、月饼、梅花饼、开炉饼……"

既然提到了月饼是"四时皆有"的，足可见，在宋朝月饼是一年四季都能吃到的。当时，月饼还并不具备时令性，也暂时没有团圆的含义。

直到明朝，月饼才成为中秋时令点心，并具有“团圆”的象征含义。

《西湖游览志余》所记为：“八月十五谓之中秋，民间以月饼相遗，取团圆之意。是夕，人家有赏月之宴。”

明朝时，月饼的大小是不一的，但统一都是圆形的。沈榜于万历年间完成的《宛署杂记》里记载了与月饼相关的习俗：“士庶家俱以是月造面饼相遗，大小不等，呼为月饼。市肆至以果为馅，巧名异状，有一饼值数百钱者。”

到清朝时，月饼的花色与品类变得更多了。袁枚在《随园食单》里就曾专门写过月饼，不但介绍了月饼的名称，也记录了其制作方法。

清朝的有钱人家，中秋所食的月饼则是特制的，相对高端，造型更为精细。清朝彭蕴章的《幽州风土吟》有载：“月宫符，画成玉兔瑶台居；月宫饼，制就银蟾紫府影。”

值得一提的是，虽说如今不少人嫌弃五仁月饼，但清朝与其类似的月饼可是只有高官才能食用的。

一直以来，月饼通常都是既硬又甜，这其实是有说法的。

在食物保鲜方面，古代远不及现代，将月饼压得更实一些，便更容易保存。

至于为何甜口的月饼更受古人欢迎，那得从当时的节俗说起。

古人过中秋多会饮酒，酒辛辣，须吃甜味的食物中和。此外，于古人来说，糖相对珍贵，因为珍贵，更须一家团圆之际共同分享。

说起古人中秋的饮酒节俗，就不得不提《东京梦华录》里记录的这一段："中秋节前，诸店皆卖新酒，重新结络门面彩楼，花头画竿，醉仙锦旆。市人争饮，至午、未间，家家无酒，拽下望子。"

宋朝时，每年一到中秋节前夕，汴京城内的各家酒楼便会开始卖这一年的新酒。

店家还会将自己店前的彩楼重新装饰一番，就连酒楼前挑酒旗的竿子也要在顶端加上花饰，同时还会挂上新的"醉仙"锦旗。

宋朝的百姓会在这日抢着购买新酒。到了中午，等整个汴京城的酒都卖完了，又会出现另一景象：店家们纷纷扯下酒旗。

中秋时节，好吃的宋朝人自然不会满足于只吃月饼。这时节，新的螃蟹正肥美，自然也是要品尝的。杯盏过后，一家人披月而行，泛舟湖上。虽说已然不似少年游，但这一夜仍可买桂花同载酒。

问客从何来，
河洛中原处。

伍

若思念便思念

2021 年，河南广播电视台的《中秋奇妙游》节目中有这么一首歌，名为《若思念便思念》。

节目一开始，一轮残月从石窟升起，而后缓缓移至以土楼等为代表的建筑物上方。最妙的是，月亮的形状会随着移动发生变化，由缺至圆。

节目所给的镜头极短，所呈现的画面美轮美奂。然而，一轮明月背后照见的，却是属于客家人的那段带有悲壮色彩的历史。

那句客家话“月亮，出来了”一出现，便引得不少听者为之流泪。愿意为它掬一捧热泪的，多半是那些客家人。

只此一句，又是短短数秒，为何能如此动人？

这得从“客家人”和“客从河洛来”的故事说起。

有人误以为客家人是一个少数民族，更有人对这个词感到陌生。那么，它真正的意义到底是什么？

所谓客家人，简单来讲就是客居者的意思；往更深一层讲，则是指北方人迁居南方（闽、浙、湘、赣、两广）后，没有和当地土著人融合、通婚，而保存汉族血统、文化和习俗的人。

客家人本属中原地区的汉族人，根源在河洛。

根据历史学家朱绍侯在《河洛文化与河洛人、客家人》中所写，在每一次北方人南迁的潮流中，河洛人都占绝大多数。

这就有了“客从河洛来”的说法。

中华上下五千年，历史上大规模的文化和经济中心转移共有三次，史称“衣冠南渡”。客家人的迁徙则共计发生了五次，其中有三次是在衣冠南渡的背景下发生的。

第一次迁徙发生在西晋末年。

西晋时，为争政权，皇族发生了一场内乱，历时共计十六年。皇族之争参与者众多，但核心人物为八个诸侯王，《晋书》将这场动乱称为“八王之乱”。

作为中国历史上最严重的皇族内乱之一，这场动乱导致社会经济遭到严重的破坏，也使得中原进入五胡乱华时期。

皇族内斗，遭殃的却是百姓。一部分汉人不得已开始往南方迁徙，经河南南阳进入襄阳，搬至湖北、安徽、江苏一带，其中也有一部分人迁徙至赣南。

唐朝时出现了第二次迁徙。

安史之乱后，唐朝由盛转衰，出现藩镇割据局面，加之中原地区连年出现灾荒，农民起义随之爆发。第一次南迁的汉民再次被波及，没有办法，只能再次往南方迁徙，搬至赣南、闽西、广东东北的三角地带定居。

到了宋朝，靖康之耻发生后，宋高宗将国都迁至临安（今杭州），元人入侵中原。处于黄河流域的汉人为了躲避战乱，只能往南方迁徙。当时，时局混乱，元军向南逼近，赣闽粤三地交界处也沦为战场。那里的客家人为了生存只得再次南迁，进入梅州、惠州一带。

第四次迁徙发生于明末清初，第五次则发生在太平天国运动失败的背景下。

河南广播电视台·若思念便思念

河南广播电视台·若思念便思念

河南广播电视台·若思念便思念

河南广播电视台·若思念便思念

随着“反清复明”运动和太平天国运动的失败，义军中的客家人遭到大范围围剿，那些只为能够好好生活的百姓只能再次迁徙，迁至广西、湖南、四川、海南等地。更有甚者漂洋过海，只求谋生。

在《若思念便思念》中，千百年前客家人迁徙客家四州的事迹得以再现。它们不仅见证了客家文化发展的脉络，也成为诸多客家人的地理、心灵和文化上的故乡。

故乡的源头，是那片河洛大地，是河南。

至今，客家人的菜谱里仍保留着对故乡的怀念之情。酿豆腐爽滑鲜美，实则是客家人离开中原后怀念家乡时所发明的饺子的替代品；当地不产芥菜，那一碗充满家乡味的芥菜肉如何也吃不到，于是便有了梅菜扣肉；更不消说素烧肉、烧鲤鱼、盐焗鸡……均能在豫菜中找出对应的原型。

一首歌曲只有短短几分钟，所传递的却是深厚的文化底蕴。

那些放出的纸船上所写的“南阳”“汝州”“紫云”等地名，是客家人迁徙和安居的地方；镜头中那些一闪而过的和书法、饮食、孝道、祭祖相关的画面，是客家人道不尽的思乡之情，也是客居他乡的河洛人的根与魂。

但还好，海上生明月，天涯共此时。人若思念便思念，终会相见。

河南广播电视台·若思念便思念

开轩面场圃，
把酒话桑麻。
待到重阳日，
还来就菊花。

重阳

群青
中国传统色

重阳

中国节日

中国节日奇妙游 / **重阳**

日月并应，俗嘉其名，
以为宜于长久，
故以享宴高会。

壹

九九归一，万象更新

南朝吴均所作的《续齐谐记》虽说是志怪小说，却也记载了传统节令的由来，其中便有重阳节。加之后人的演绎，就有了这样的故事——

东汉时，汝南县有一位叫桓景的年轻男子，父母健在，儿女双全，日子虽然过得清贫，倒也还算说得过去。如果没有意外，一日一年，一饭一蔬，日子将会如同往常一样照过。

只是，意外发生了。

某年，汝河两岸发生瘟疫，尸横遍野。更不幸的是，桓景的父母也没能逃过这次的瘟疫。

汝河坊间有一传闻，桓景自小便是听着它长大的。传闻说，汝河里住着一瘟神，每年都会到人间一趟，他到哪里，哪里就会发生瘟疫。

眼见父母惨死，乡亲深受其害，儿女年幼，妻子无辜，桓景便一心想要手刃这瘟神。

虽有此心，但桓景到底是一介凡人，如何能与瘟神相抗衡？

有人得知此事之后极为敬佩，告诉桓景："其实也不难，东南山住着一位仙人，名叫费长房，你可以找他学本领，相信不日便可学成，定能斩了那瘟神。"

桓景听后谢过此人，随后便告别妻儿，背着行囊去东南山找寻仙人费长房。

路途迢迢，但真心可鉴，桓景果然找到了费长房，并成功拜在他门下，随他学艺。

费长房将自己毕生所学悉数相教，桓景十分用心，每日不分昼夜地持着师父给的那把降妖剑苦练。

转眼，一年过去了。

这日，桓景正在练剑，费长房朝他走过来，说道："今年九月初九，瘟神又要来了。你跟随我学艺已有所成，当下须回去为民除害了。"

说罢，费长房递给桓景一包茱萸叶子，又给了他一瓶菊花酒，嘱咐道："回去之后，切记，让你的家乡父老登高避祸。"

桓景接过师父递来的茱萸与菊花酒，拜谢过师父后便匆匆赶回了家乡。

回乡之后，桓景将乡亲召集于一处，将师父告知自己的一一说与众人。

九月初九这日，桓景带着妻儿与乡亲，就近择了一座山登了上去。

桓景取出师父给的茱萸叶子，给乡亲们一人分了一片，又取出菊花酒让每人喝了一口。有人问起缘由，桓景如实告知：“佩戴茱萸，可防瘟神近身；饮菊花酒，则可以避免得瘟疫。”

将众人安置好之后，桓景与大家作别，携着费长房赠他的那把宝剑回到村中，等待瘟神现身与之交战。

不多时，狂风四起，河水翻腾，瘟神破水而出。

然而，瘟神遍寻村庄未见一人，一抬头才发现人们都在山顶上。于是，它便朝山的方向而去。待它走至

清院本·十二月令图·九月

山下，却停住了脚步。菊花酒的气味扑鼻而来，茱萸叶子的气味更是直冲肺部，瘟神哪里还敢上前登山？它只得转身往村子里走去。

刚走回村庄，它就与桓景碰了个照面。桓景手持宝剑，不由分说便出招与瘟神斗了起来。几个回合下来，瘟神败下阵来。眼见形势对自己不利，瘟神起身就想逃走。只见桓景将宝剑抛出，一道寒光追着瘟神而去，刹那间剑已刺在瘟神的心脏处。瘟神应声倒地。

从此，汝河百姓再也没有受到过瘟神的侵害。人们因此将九月九日登高避祸的习俗和桓景斩瘟神的故事一代代地传了下去。就是从那时起，人们有了过重阳登高的习俗。

关于为什么登高能避灾，民俗学家孟宪明在《重阳节俗的神话学意义》中曾给出解释："尧时不仅天上有十日并出，地上也有滔天的洪水，人们苦不堪言，只能躲在高处的洞里。高，使人熬过了艰难岁月，迎来了最后胜利。所以，登高既是躲灾，也是祈福。"

历史上，每个传统节日的背后，都有无数与之相关的神话与传说。

若究其源，重阳节与其他传统节日似乎并没有什么不同，都源自古人对天象的崇拜。

至于九月初九为何会被称作重阳，得从《易经》说起。

清・恽寿平・东篱秋色

《易经》有语："阳爻为九。"

在《易经》中，奇数被称作阳数，而九则有阳极数之称，指天之高位"九重"。当两个阳极数重合，日与月都逢上了九，便有九九归一、一元肇始、万象更新之意。因此，重阳也被唤作重九。

在古人看来，重阳是一个尤为值得庆贺的吉日。

重阳节始于上古，历史上最早与其相关的记载出自战国末期吕不韦所著的《吕氏春秋》中《季秋纪》一篇："（九月）命冢宰，农事备收……是月也，大飨帝，尝牺牲，告备于天子。"

上古时期，每到秋季人们便会举行丰收祭天、祭祖的活动，天子尤其重视。

这是因为，在古人看来，九月是农作物丰收的季节，而这一切应当感谢天帝和祖先的恩德，理应祭天帝、祭祖。这是重阳节作为秋季丰收祭祀活动而存在的最为原始的形式。

也有一说认为，重阳节实则源于上古时期祭祀大火星的仪式。

大火星为古代的季节星宿，是古人判断季节的重要坐标，每年于九月隐退。随着其隐退，古人便会失去时间坐标，产生恐惧，因而会特地在大火星出没时举行迎火仪式和送行祭仪。

但是，随着时代更迭，社会不断进步，人们

对季节有了新的认识，祭祀大火星的仪式便慢慢地退出了历史舞台。

明·陈淳·重阳风雨图

虽说重阳节始于上古时期，但其真正得以普及，是在汉朝。

《西京杂记》有载：“九月九日，佩茱萸，食蓬饵，饮菊花酒，令人长寿。”

自汉朝开始，人们在重阳节有了求寿的习俗。

重阳宴饮的习俗，则在三国时期魏文帝曹丕的《九日与钟繇书》中有载：“岁往月来，忽复九月九日。九为阳数，而日月并应，俗嘉其名，以为宜于长久，故以享宴高会。”

这一点在《荆楚岁时记》中同样有记录：“九月九日，四民并藉野饮宴。”

魏晋时期，每至重阳，节日的气氛总会显得极为浓厚，也深受文人墨客的咏颂。

重阳节真正达到鼎盛，则是在唐朝以后。

唐朝时，重阳节被正式定为“三令节”之一。也是在这一时期，诞生了不少与重阳节相关的文学名篇。比如，王维有《九月九日忆山东兄弟》，王勃有《滕王阁序》。

虽说十里不同风，百里不同俗，但重阳节自此定下基调，每年此时人们多会登高望远、插茱萸、饮菊花酒。正所谓：“江边枫落菊花黄，少长登高一望乡。”

习俗糅杂定型，
主体始终不变，
所传递的意义，
永远是回归家庭。

贰

深秋重阳，尽在思乡

《风俗通义》中曾记载过这样一个故事。

汉高祖刘邦与楚霸王项羽曾在京邑（今河南荥阳东南）、索亭之间进行过一场战争，史称京索之战。

虽说在历史中，这场楚汉之战的规模并不算大，但其对楚汉战争全局的影响极为深刻。

话说，有一日，刘邦与项羽战于京、索之间，项羽一路追赶着刘邦，来到一处丛林之中。

林深树茂，项羽在丛林中遍寻刘邦无果。就在这时，项羽忽然听到了一阵鸠鸣声，于是理所当然地以为，刘邦肯定早就逃出生天了。他便撤了兵马，另去别处找寻了。

实际上，刘邦并未走远，正藏于丛林某处隐秘的角落。

后来，刘邦即位，成为西汉开国皇帝，史称汉高祖。

遥想当日，刘邦心存感念，认为是鸠鸟在冥冥之中救了自己一命，于是命人制作了鸠杖赐予老人。

所谓的鸠杖，就是大众所熟知的拐杖。只不过，拐杖的顶部通常雕有斑鸠，因而才得了这样一个名字。

其实，考古发现已证明，自先秦时期开始流行于古代中国的手杖一般多为鸠杖，表示尊老之意。

《周礼·罗氏》记载："中春罗春鸟，献鸠以养国老。"可见我国的崇鸠观念由来已久，周代已有"献鸠养老"的风俗。

古人视鸠为春鸟、善鸟，为鹰所化，象征着生命和慈祥，可助老人补生气。

高祖之后，汉朝的每位皇帝对赐鸠杖（也唤王杖）都极为重视。

汉朝送老人鸠杖，是敬老的象征。这一点在《后汉书·礼仪志》中有较为详细的记载。

东汉时，关于养老、尊老，以及高年授王杖，都有明确的规章制度。

律法规定，每年一到秋天，各处的地方政府都要对当地的民户进行年龄统查，凡家中有年满七十岁及以上的老人，应授予王杖，还要保证这些老者的生活；若是家中有年至八十、九十岁的老者，则要加倍尊重，还要额外赐予物品，以尽孝道。

说到敬老传统，今人更是将重阳节定为敬老节。

除了敬老，重阳节还有许多其他习俗。

王维十七岁写下了举世闻名的《九月九日忆山东兄弟》。诗文的后两句是“遥知兄弟登高处，遍插茱萸少一人”。

虽说诗中传递的是少年王维的思乡怀亲之情，却也交代了重阳的另外两种风俗。

先说其一：登高。

根据《续齐谐记》所说，登高是为避祸。真假与否，不可得知，但重阳登高已成为节日习俗。登高的首选，自然是登山。

李白不只好泛舟湖上，也爱登山。他在《梦游天姥吟留别》中如此写过：“脚著谢公屐，身登青云梯。”

谢公屐，用今人的话来讲，就是登山的专用鞋。

它的发明人，是南朝的诗人谢灵运。谢灵运尤其喜爱登山，为此他特地发明了谢公屐，以便于登山。

这鞋子的构造是什么样的呢？

谢公屐就是装有前后齿的木屐，木齿可以安装，也能卸下。登山时，要去掉前齿；下山时，则要去掉后齿。

根据《东京梦华录》所述，“（重阳）都人多出郊外登高，如仓王庙、四里桥、愁台、梁王城、砚台、毛驼冈、独乐冈等处宴聚”。

在唐朝的皇帝之中，唐中宗李显重阳节尤爱登高，历史中有不少相关记录。

景龙二年（708 年）九月，李显幸慈恩寺塔，上官氏献诗《九月九日上幸慈恩寺登浮图，群臣上菊花寿酒》。

景龙三年（709 年）九月，李显临渭亭登高，还作诗一首：“九日正乘秋，三杯兴已周。泛桂迎尊满，吹花向酒浮。长房萸早熟，彭泽菊初收。何藉龙沙上，方得恣淹留。”

清・金廷标・仕女簪花图

至明朝，皇帝会移驾万岁山（今北京景山），或前往西苑的兔儿山、旋磨台登高。

到清朝，皇帝若是在宫内过重阳，登的必然是御花园堆秀山；如果这年重阳在圆明园中度过，那么便会登香山。

再说其二：插茱萸。

汉朝刘歆所著《西京杂记》中有载："九月九日，佩茱萸……令人长寿。"

茱萸是一种药用植物，属多年生乔木，成熟后果实极小，多呈紫红色，气味辛香。

唐朝时，重阳节插茱萸是十分普遍的事情。

古人深信，重阳节这日插茱萸能够避难消灾，同时也有令人长寿的功效。

总说插茱萸，那么，茱萸到底是如何插的呢？

古人有将茱萸枝插在身上的，也有将茱萸放在香囊之中佩戴在手臂上或身上的，但最常见的还是将茱萸插在发间。毕竟古人好簪花，以绿叶红果作为装饰物，光是看上去也是极美的。

不过，古时插茱萸的，多是妇女和儿童。当然，有一些地方，男子也会在身上佩戴茱萸。

古人过重阳，除了登高、插茱萸，还有簪菊的习俗。

《辇下岁时记》中有载："九月宫掖间争插菊花，民俗尤甚。"

这一点，唐朝杜牧的诗也可佐证。他曾作诗说："尘世难逢开口笑，菊花须插满头归。"

宋朝沿袭了唐朝的重阳习俗，但略有变动。

宋朝时，除了在发间簪菊花，重阳节人们也有将彩缯剪成茱萸或菊花的样子来遗赠、佩戴的。

清朝时，北方过重阳节的习俗稍稍有变。北京城的人会在这日将菊花连枝带叶贴在门窗上。

至于这样做的目的嘛，自然是图能够解除凶秽，以招吉祥。

重阳的习俗是糅杂定型的，但它的主体始终未变，至今依然在传承。我们在诗河词海中便能了解到重阳的意义到底有多深远。它背后所传递的，实则是让人回归家庭，感受亲情和故乡的温暖。

正所谓，深秋重阳，尽在思乡。

诗词写尽思乡愁绪，
史料寻踪全是欢快。

叁

重阳雅集，赏菊舞狮

天宝十三年（754 年），重阳节这天，唐玄宗和往年一样在沙苑狩猎。

秋高气爽，丹桂飘香，云海之中竟有一只野鹤在独自飞翔。

唐玄宗箭法精妙，一举击中。那野鹤挨了一箭，缓缓跌了下来，眼见就要落地。玄宗大喜，忙命人去取。就在离地一丈来高的时候，那野鹤忽然振翅，复而向西南方飞走了。

益州城西十五里的地方，有一道观。

道观位置极佳，依山傍水，周围还植有大量松树和桂树，有风袭来，松涛不绝。素日往来道观的，都是些修道之人。

这天，道观里来了位名叫徐佐卿的青城山道士。

徐佐卿并非生客，每年都要来道观数次，且每次都住在东廊第一院的正堂里。少时，他会住上三五日，多则住上半个月。

这日，院中有位道长见他满脸不悦，便上前问询发生了何事，只听他说："我于山间行走，却莫名被人射了一箭，还好已无大碍。但据我了解，这箭并非常人所有。"说罢，徐佐卿取出那支箭来，将它悬挂于墙壁上，又道："且留着它，后年，这支箭的主人定会来此地，届时还请将箭交还给他，切勿遗失。"末了，徐佐卿又提笔在墙上写道："留箭之日，为天宝十三年九月九日。"

那道长听后觉得奇怪，但并没有追问，只是按他说的做了。

事情奇在何处？奇在到了徐佐卿所说的时间，唐玄宗当真来了此处。

那年，玄宗为避难来到了四川。某日，玄宗闲来无事，乘车而至，甫一走进正堂便瞧见了挂在墙上的那支箭，于是便命人取来赏玩。

这一看不打紧，那竟是御用的箭。玄宗实在好奇，便问道观道长箭的来历。

时间虽已久远，但道长未忘，将徐佐卿所说的话一五一十地告知玄宗。玄宗这才想起前年在沙苑狩猎的事，而徐佐卿正是他所射中的那只野鹤。

唐玄宗又惊又奇，便将那支箭收了回去，当作宝物收藏。

只是，自此，蜀地之人，道观之内，再无人见过徐佐卿。

这故事出自《广德神异录》中的《徐佐卿化鹤》一文，具有一定的志异色彩。

然而，其中交代了一件事：唐朝天子重阳节有狩猎的习俗。

清・邹一桂・菊花图

先秦时期的《吕氏春秋》中也有类似的记载："是月也，天子乃教于田猎，以习五戎。"

这里的月，指的便是九月。

而把狩猎与过重阳紧密联系在一起的是辽代契丹人。宋人的《燕北杂记》中记载："辽俗，九月九日打围，赌射虎，少者为负，输重九一筵席。"

金代的女真人也有重九围猎的习俗。《金史·世宗本纪》中说："重九出猎，国朝旧俗。"

清朝时有所变化，皇帝秋季狩猎并不是为了过重阳节。

不过，狩猎总有杀戮之意，而古人过重阳，多有风雅之举。

重阳时节，菊花遍开，赏菊便成了古人雅集活动里的一项。菊花盛于寒秋，品行高洁，也象征着不老与长寿。历代文人墨客均在其身上洒下不少笔墨，因此古时候重阳节也被称作菊花节。

晋朝的田园诗人陶渊明就十分爱菊。

他所写就的著名诗篇中，《饮酒》中有"采菊东篱下，悠然见南山”；《归去来兮辞》中有“三径就荒，松菊犹存”；《九日闲居》中则有“酒能祛百虑，菊解制颓龄”。

陶渊明不仅种植菊花、饮菊花茶，同时也有食菊之举。或许正是因此，他才乐于不惜笔墨咏颂菊花。

无独有偶，宋朝女词人李清照也爱菊。

在她的词中，菊尤为常见。《声声慢（寻寻觅觅）》中，她写道："满地黄花堆积。憔悴损，如今有谁堪摘？"《醉花阴（薄雾浓云愁永昼）》里，她写道："莫道不销魂，帘卷西风，人比黄花瘦。"《鹧鸪天（寒日萧萧上锁窗）》里，她说："不如随分尊前醉，莫负东篱菊蕊黄。"

唐朝诗人白居易在《重阳席上赋白菊》中则如是说："满园花菊郁金黄，中有孤丛色似霜。还似今朝歌酒席，白头翁入少年场。"

在唐朝，人们还会在重阳节这日专门做菊花枕头。

孙思邈所著《备急千金要方》说："常以九月九日取菊花，作枕袋、枕头。"

在古人的世界里，菊花可以说已被物尽其用。

对于宋朝人而言，令他们欢喜的还有重阳舞狮这一雅事。

宋朝时，每年一到重阳节，汴京城内的佛寺总会举行斋会。但有两处不同，这两处便是开宝寺和仁王寺。这两寺重阳节会举行狮子会。简而言之，狮子会就是有舞狮表演的法会。

在表演舞狮之前，僧人多坐于道具狮子上进行讲经说法。前来参会的人，可以说数不胜数。

清・钱维城・菊花雁来红

到明朝，重阳节还是出嫁的女儿回娘家的日子。

这是重阳的又一节俗。

民间有俗语："九月九，搬回闺女息息手。"言外之意是，九月初九这一日，女儿回娘家可以好好休息下。此外，女儿这日回娘家，是必然会吃重阳糕的。

历史上无数与重阳相关的诗词，写的都是思乡之情。但有史料为证，重阳亦是欢快的节日，于文人雅士是，于女儿家更是。

晏几道就曾写道："绿杯红袖趁重阳，人情似故乡。兰佩紫，菊簪黄，殷勤理旧狂。"

人生或如逆旅，
但总爱平凡、恬淡。

肆

持螯小饮，宝塔九重

《红楼梦》中曾写过一次贾府的重阳雅聚。

在曹雪芹的笔下，无论是公子还是小姐，这日聚会都会持螯小饮。

凤姐开席时吩咐："螃蟹不可多拿来，仍旧放在蒸笼里，拿十个来，吃了再拿。"又说："把酒烫得滚热的拿来。"忙完这些，凤姐接着又下令，让小丫头们去取菊花叶、桂花蕊熏的绿豆面子，预备洗手。

热蟹热酒，那是重阳节要吃的；至于做法烦琐的绿豆面子，则是用来洗手去腥的。在贾府，这倒也寻常。若是放到寻常人家，那就颇有讲究了。

因为贾母上了年岁，吃完螃蟹就忙去歇息了，不敢吹风。

而黛玉呢？

她身体不好，拢共就吃了那么一点儿夹子肉。吃罢，她就觉得身子实在不爽，“觉得心口微微的疼，须得热热的吃口烧酒”。

贾宝玉一见林妹妹如此这般，忙让侍女烫了一壶用合欢花浸的酒水送来。黛玉喝了一口，宝钗也跟着饮了一口。

在这场重阳宴上，宝玉还作了首诗：“持螯更喜桂阴凉，泼醋擂姜兴欲狂。饕餮王孙应有酒，横行公子却无肠。脐间积冷馋忘忌，指上沾腥洗尚香。原为世人美口腹，坡仙曾笑一生忙。”

暂且不说宝玉这诗辞藻如何，却将重阳时节吃蟹的方法写得极为详尽。不难看出，曹雪芹与袁枚一样，是妥妥的吃货。

宋朝徐似道曾在《游庐山得蟹》中如此写道：“不到庐山辜负目，不食螃蟹辜负腹。”

这是说，不去庐山，辜负的是双眼；而不吃螃蟹，那委屈的可是肚子了。

虽说词句俏皮，但也是事实。毕竟重阳时节螃蟹正肥，膏黄美味，若是不吃上一口，实在是一桩憾事。

古人吃螃蟹，也是不贪多的。

在中医看来，螃蟹性属寒凉，脾胃虚寒的人吃了，尤其容易生出腹痛、腹泻的情况，因此不宜多吃。而且，吃的时候往往会将生姜切丝，以醋泡之，将二物置于碟中，随吃随蘸。

除了螃蟹，重阳吃食还有许多。

先说重阳必吃的节令糕点——重阳糕。

清·任伯年·菠萝菊蟹页

明末清初 • 陈洪绶 • 蕉林酌酒图

重阳糕的“糕”字与登高之“高”字谐音。重阳节这日，人们会相互馈赠重阳糕，与家人分食。

汉朝时，各类糕状食品已经出现，但那时还没有“糕”这个名字。人们将其统称为饵，也多唤作蓬饵。

制作蓬饵的原材料多是米粉和蓬子面。这一点可从《西京杂记》得知：“九月九日……食蓬饵。”

到六朝末年，重阳节的节俗已确立，“糕”这个名字也诞生了。于是，人们便将重阳节必吃的时令糕点称作重阳糕。

唐宋时期，重阳节吃重阳糕，最为流行。

宋朝时，人们制作重阳糕的技术越发成熟、精进，样式更是多之又多。

其中有一种九重糕，制作方法极为讲究。

这种九重糕会做成九层之高，一眼看上去宛如宝塔。糕上面通常还会做两只小羊，因为“重阳”嘛！

与先前相比，宋朝时重阳糕的口味开始有所变化，里面会加入各种果仁，以石榴子、栗黄、银杏、松子肉为主。

此外，一些商铺还会在重阳糕上插小红旗，或者在重阳糕上放置以粉做成的狮子、小鹿等寓意吉祥的装饰物。若糕上放狮子，则唤狮蛮；而糕上若置小鹿，则叫食禄糕。

重阳吃糕太甜腻，而吃蟹又过于寒凉。这时候，餐桌上就必须有一壶好酒了。

饮菊花酒这一风气，是魏晋时期就已经有的。

《神农本草经》里说，若是能够长时间饮用菊花，有轻身延年的功效。清代名医徐大椿对此做过解读。在他看来，“凡芳香之物，皆能治头目肌表之疾，但香则无不辛燥者”，只有菊花吸取了天地的精华，不存在干燥这一说法。同时，菊花酒还对风火之疾有特别的功效。

因此，古人过重阳时总会开酿新的菊花酒，等到第二年重阳再饮。

菊花酒的做法，说起来算不上复杂。

汉朝《西京杂记》中有详细记录：“菊华舒时，并采茎叶，杂黍米酿之，至来年九月九日始熟，就饮焉，故谓之菊花酒。”

到了宋朝，菊花酒的做法略有变化。

宋朝朱翼中在《北山酒经》中说：“九月，取菊花曝干，揉碎，入米馈中，蒸，令熟。”

明朝人又是如何制作菊花酒的呢？

明朝高濂在《遵生八笺》中有记载：“十月，采甘菊花，去蒂，只取花二斤，择净入醅内搅匀，次早榨，则味香清冽。”

关于菊花酒，还有一个重要的典故——白衣送酒。

话说，有年到了九月初九，陶渊明却没有酒喝。他怅然若失，在菊花丛中漫步。就在他百无聊赖之际，一个身穿白色衣服的家丁走了过来。

来者何人呢？

他是郡刺史王弘遣来给陶渊明送酒之人。陶渊明正愁无酒可饮，得知之后，接过酒便畅快地喝了起来。

古人过重阳，并不是只饮菊花酒的，也有饮茱萸酒和桑落酒的习俗。

清・赵之谦、程守谦・菊花博古图

不过，有一点是不变的：古人所饮用的重阳酒都是九月九日所酿，因为古人认为这日阳气最盛，所酿的酒必定是佳酿。

总的来说，重阳存在的价值与意义，绝非吃喝玩乐那么简单，它的最底层始终是深厚的文化底蕴。

登高、赏菊、饮菊花酒等行为，实则都指明了重阳节在古时的另一个重要意义：庆祝丰收，祈祷来年是丰年。

这些美好祈愿，正是古人将重阳节与农业紧密联系在一起的表现。

毕竟，在古代，人们生活的最大基础与保障便是农业。人们以此庆祝、祈愿，实则是在警示所有人，只有关注农业的发展，才能确保粮食的丰收。唯有如此，社会才会稳定，人民才会幸福。

千百年前的诗人重阳登高临远，望故乡渺邈，所写无非借景生情，感慨人生之秋，所以难免凄凄惨惨戚戚、冷冷清清。

试想，重阳时节，寒露已至，放眼望去，此前的万物葱茏换作青黄交接，自然会使得人的情思与天地之气合而为一。

虽说这是天地自然之道，但一切秩序正在消亡，一切秩序又要重新建立，诗人悲秋在所难免。

若将初春踏青比作迎接新生，那么重阳登高便是辞青，亦是同过往进行一场告别。

诗人也从来不是强说愁，只不过是借重阳这日给自己一个总结、思考的机会。

然而，重阳节俗的本意是什么呢？

是秋高气爽，可登高望远；是人生或如逆旅，但总爱平凡、恬淡。

图书在版编目（CIP）数据

中国节日奇妙游 / 河南广播电视台《中国节日系列节目》栏目组著 . -- 北京 : 北京联合出版公司 , 2024. 8. -- ISBN 978-7-5596-7837-9

Ⅰ. K892.1

中国国家版本馆 CIP 数据核字第 2024KA3657 号

中国节日奇妙游

作　　者：河南广播电视台《中国节日系列节目》栏目组
出 品 人：赵红仕　　　　出版监制：辛海峰　陈　江
责任编辑：牛炜征　　　　特约编辑：郭　梅
产品经理：周乔蒙　　　　特约策划：李小含　段年落
装帧设计：青空 · 阿鬼 QQ:476454071

北京联合出版公司出版
（北京市西城区德外大街83号楼9层　100088）
北京联合天畅文化传播公司发行
天津联城印刷有限公司印刷　新华书店经销
字数 162千字　710毫米 × 1000毫米　1/16　16印张
2024年8月第1版　2024年8月第1次印刷
ISBN 978-7-5596-7837-9
定价：96.00元

主　　编：王仁海

副 主 编：王晓晖　易明胜　王春阳

编　　委：（按姓氏笔画排序）

刘　寅　李　鹏　陈　雷　庞晓戈　钱林林

徐　娜　郭振军　程万里　路红莉

编 撰 组：（按姓氏笔画排序）

王　兰　王　洁　王保科　司鹏冲　陈　娜

周晓康　胡　岳　姜　波　姚志刚　高辰鑫

曹　琦　韩　鹏

专家顾问：刘悦笛　孟宪明